非常事態に絶対負けない経営

児島保彦
Yasuhiko Kojima
［著］

同友館

はじめに

私の経営のライフワークは、「当たり前のことを当たり前にできる会社」にすることです。言い換えれば「当たり前のことを当たり前にできる社員にすれば会社は絶対儲かる」とも言えます。これは、四十三年間のサラリーマン生活と十八年間のコンサルティング経験を通じて、試行錯誤の実践の数々から学んだ私の究極の実感です。

ご承知の通り、新型コロナウイルスは二〇一九年末に中国武漢で発生し、半年もたたないうちに地球規模で感染が拡大、現時点では収束を見通せません。

夜の街をはじめ、生き残りをかけて懸命に努力されている企業の皆様に対して、日ごろ「経営の医者」を自認している者として、私は今何をすべきかと考えました。

平常時には「当たり前の経営の価値」を認識していただくことは困難ですが、非常時の今こそ「当たり前の経営」が必要であり、その真価を発揮します。

コロナ禍の直前まで、日本の生産性の低さが問題になっていましたが、緊急事態宣言が出てから一挙にテレワークの波が押し寄せてきました。合わせてリモート会議が盛んに行われるようになり、日本中がＩＴ一色に包まれました。一瞬、私は「これは本物だろうか」と疑いました。

太平洋戦争の終戦から七十五年の年月がたちましたが、日本は朝鮮動乱を機に立ち直り、高度成長期を経て一時は世界第二位の経済大国にまで復興しました。その後、失われた二十年と言われる長いトンネルに入ったまま、今またコロナに見舞われました。ここで知ったことは、この国は構造的に世界の潮流から取り残されているということでした。具体的にはITであり、デジタル社会です。

もともと日本の強みは「集団行動」であり、所属する各自が役割を果たすことで全体に貢献する構造になっています。大量生産・大量消費時代にはその威力を発揮して経済大国になることができましたが、個を中心とするジョブ型のIT・AI時代にはそぐわないのです。

そのような素地にいきなりデジタルを導入しても振り回されるだけで、使いこなすことは難しいと思います。しかし、デジタル時代の到来は好むと好まざるとにかかわらず否定することができません。変わることができなければ死を待つのみで、会社は生き残れないからです。

一見、「当たり前の経営」と「IT・AI」は、「古い」と「新しい」ぐらいの感覚でしか捉えられないかもしれませんが、経営においては相互不可分の関係にあります。むしろ当たり前の経営を無視したらIT・AIの力を活かすことはできないのです。

具体的に言うと、IT・AIはあくまでも生産性向上のためのツールですから、使う我々のほうが今までのシステムや意識を改革して受け入れなければなりません。その時に、当たり前のことが当たり前にできる会社にしておくことは必須の条件になります。
『日本経済新聞』「社長100人アンケート」（二〇二〇年九月二十八日付）によると、テレワークは九七・九％と、ほぼ一〇〇％の企業が「継続している」と答えています。テレワークで自社の労働生産性がどうなるかを聞いたところ、「変わらない」が五四・六％でした。二〇％は「上がる」と答えていますが、逆に「下がる」は八・五％です。

また、テレワークによる変化を聞いたところ、五二・四％が「コミュニケーション不足」と答えています。従業員の管理は「やりにくくなった」が四八％、「やりやすくなった」と答えた経営者は一人もいませんでした。従業員の評価も「やりにくくなった」が四四・三％、「やりやすくなった」は一社のみです。

一方、はっきりメリットが出た項目では「経費」が五八・一％でした。このアンケートでわかる通り、会社と離れて働くことにより同僚の仕事ぶりが見えないことが響いており、この悩みはしばらく続きそうだと記事でも解説していました。やはり私が想像した通り、在宅で働く社員よりも会社で指揮を執る管理者のほうに課題がありそうです。

社員の管理のあり方を改めて見直す時がやってきました。特にビジネスにおいてはＩＴ・ＡＩ化は待ったなしですから、労務管理をはじめとして会社の仕組みを変える必要があります。過渡期である今のうちに、受け入れ態勢を整えましょう。

ここに提示した例は、私がクライアントと共に「試み」と「失敗」の繰り返しの中から見出だしたものばかりで、その効果については実証済みです。中でも訪問営業はソフトの開発からテレワークまで実践しましたが、思いもよらない良好な成績を収めました。

一般に、会議の仕方やそのコストについては、会社の大小にかかわらずほとんど意識して考えられることがありません。そのため成果のないムダな時間が膨大に費やされているのが現実です。このような環境の中に、何の準備もなくテレワークやリモート会議を取り入れても、ただ振り回され、経営自体に混乱を招くだけだと思います。

まず、この非常事態にしっかり基本を身に着け、足腰を鍛えながらＩＴを導入していくことをお勧めします。「当たり前の経営」の技法は日常の仕事の一部ですから、本気で取り組めば三か月でマスターできると思います。いったん身に着けば、社員の意識が変わります。社員の意識が変われば、会社を変えることができます。

「変化できる会社だけが生き残ることができる」と言われています。技術革新によって大きく時代は変わりますが、コロナ禍によって次世代の幕開けは早まりました。どの時代でも即応できる会社となかなかできない会社がありますが、その差は後になるほど追いつくことが難しくなります。

僭越ですが、本書がその橋渡しの役を担えれば幸いに存じます。

目次

第Ⅱ部　非常事態に絶対負けない経営～三か月で最強の会社にする～

第 I 部

非常事態を直視する

～逃げないで覚悟を決める～

凧が一番高く上がる時は、風に向かっている時である。風に流されている時ではない。

――――――――――――ウィンストン・チャーチル

第1章 非常事態の発生

二〇二〇年一〇月九日現在、新型コロナウイルスの世界の感染者数は三六五七万人になり、死者数は一〇〇万人を超えた。半年前の三月二五日では、感染者数四四万人、死者数は二万二千人だったので、たった半年余りの間に感染者は爆発的に増えている。日々その数が増しているところを見ると、どこまで行くのか予測もつかない。これがウイルスの怖さである。日本も同じように六月に入りいったんは小康状態にあったが、緊急事態宣言が解かれると日増しに感染者が増加しており、一〇月現在も相当の感染者は出ているので、予断の許されない状況にある。

その間、夜の街が壊滅状況になったほか、中小零細企業にあっては生き残りをかけて懸命に毎日を送っている。グローバル社会では一国が防止したとしても、それだけではままならない。このことは会社の大小にかかわらず世界全体が沈静化するまで危機が続くことを示している。経済の停滞が長引けば、たとえ現在隆盛している業種であってもその影響は免れない。

日本では、二〇二〇年四月七日に緊急事態宣言が出された。この外出自粛の要請が出たことによって、新しい働き方がにわかに実現した。テクノロジーの発達によって在宅でも勤務ができ、どこにいてもテレビ会議やウェブ会議が可能になった。在宅勤務を実施した六割の会社がテレワークを実行し、この調子で行くと定着するかに見えた。

私はこの報道を見て、メリットばかりが強調されているが、果たしてこのまま進むのだろうかと危ぶんだ。日本はデジタル化そのものの遅れがあって、若い人はともかく、大多数の働く人たちはいったん家に帰ると、情報機器の扱いには慣れていない。

また、日本の働き方の根底にあるものはメンバーシップ型であり、職分も明確でないため責任の所在もあいまいだ。あいまいだからこそ、かつての日本はみんなで働く協働の力が国力になった。情報社会の現在ではそれが災いして世界のデジタル社会から乗り遅れたので生産性の劣化につながった。しかし、単一民族的同胞意識で何も変えられないまま今日まで来たとも言える。

六月に入って緊急事態宣言が解かれると、あれほどテレワークのメリットを享受していたかのように思えた会社員たちのオフィスへの復帰が目立っている。『日本経済新聞』（二〇二〇年七月五日付）によると、日本では四月の出勤者は通常に比較して二二％減少したが、六月には一三％減まで出勤者が戻った。六月時点でイギリスでは四四％減、ドイツでも三割減と限定的である。

一方で、日本はサービスや販売従事者の比率が二七％と高いので（米国一八％、英国一七％）、顧客や同僚と直接対面する必要性が高く在宅勤務が難しいといった分析もある。

また雇用形態も、欧米では仕事の内容が明確に規定されたジョブ型であるのに対して、日本企業は職務や責任があいまいなメンバーシップ型であるため成果も評価がしにくい。もちろん、デジタル化の遅れもテレワークを阻害している原因である。

このような複雑な国民性や社会構造までが起因して、日本は欧米に比較して四割も生産性が落ちてしまった。コロナ禍によって改めて日本の産業構造の弱さが浮き彫りになったと言える。

結果は私が予想した通りになりつつあるが、だからといって決して単なる後戻りはできない。テレワークはまだ定着しないが、必ず導入せざるを得なくなる。生産性に変わりがなくてもコストが格段に違い、雇用形態が副業の解禁に伴って自由になることだけを考えても、水は上から下へ流れても決して下から上には流れない。

在宅勤務は労働基準法や労働災害にも関係する。職分を明確にするジョブ型が導入されると、報酬も成果主義に変わっていくので、権限と責任がはっきりしなければ混乱するだけだ。

個々人で仕事をすることに慣れない社員や、目の前にいない社員を管理して目標を達成しなければならない管理者は、とまどいと孤独と不安感から心の病になる恐れもある。そのケアもしなければ人材を失いかねない。このように受け入れ態勢を作って、初めてテレワークでもリモート会議でも可能になる。

しかし、私はそのもう一つ前の段階の**「マネジメントの当たり前」**を身に着けなければ、十分な準備ができないことを強調したい。

日本電産の創業者であり現会長の永守重信さんが、二〇二〇年六月の株主総会で「もう一度原点に戻って業績の回復に努める」と話した。もともと経営の師であるが、私のライフワークは**「経営は当たり前のことが当たり前にできる会社にすること」**だと言い続けてきたので、永守さんの経営哲学と全く同じだ。永守会長が語った定時総会での経営の原点は、師の名言の中でも最もわかりやすい**「挨拶もできない会社が難しい戦略を考えても無駄だ」**の一言で言い表していると思う。

非常時は非常時であって平時ではないので、このような時でなければ経営の原点である**「当たり前のことができる会社」**にすることはできない。

理由は、平時には**「当たり前のことを当たり前にできる社員にすること」**は難しすぎてできないからである。ピンチはチャンスであるがピンチには変わりがない。アフターコロナは本格的なＩＴ・ＡＩ時代を迎えるが、コロナ禍の非常事態の今こそ、しっかり腰を据えて会社の体力を養い、新しい時代に真正面から取り組まなければならない。かつ、今までできなかった積年の課題である合理化を断行しなければ、すぐそこまで来ている新しいデジタルの波に飲み込まれてしまう。

確かに新型コロナウイルスは未曽有の厄災だが、このリスクをチャンスに変えられる会社だけが生き残れるのである。まず、この非常事態から逃げずに、何が起きているのかを直視することから始めたい。

第2章 コロナ禍でわかった日本の構造的課題

1 周回遅れのIT化

日本の生産性は先進国で最下位、日本のIT化は世界から周回遅れ、サイバー担当大臣がパソコンをいじったことがない国。

世界に冠たる日本の技術はいつの間にか部品の一部になってしまい、外国企業に対して、決められた価格で決められた期日に納品しなければならないサプライチェーンの一環に組み込まれた国になってしまった。もちろん部品の中でも心臓部のような中心的役割を果たす製品は多いが、結局、付加価値は元請けに取られてしまうのが経済の原則である。

下請けの立場は日本の株式市場を見ても同様だ。アメリカのコピー相場の時も多く、韓国や中国の景気の動向に一喜一憂して相場が上げ下げする。

しかし今までは、まだ心のどこかに日本の技術がなければ完成品はできないのだという自負があった。ところがコロナの襲来はかすかな優越感を木っ端微塵に吹き飛ばしてしまった。それぞれ体制の違いはあっても中国や韓国は現在のハイテク技術を駆使して圧倒的なスピード感と綿密なシステムで復活のスケジュールを立ち上げた。それも危機に備えて訓練を受けた軍隊ではなく、国民が実行する力を持っていたことに驚かされた。

特に目を見張る思いがしたのはアジア諸国、とりわけ中国、韓国、シンガポール、台湾、香港、タイなどの国々は、欧米とは違い完全にコロナを封じ込めることに成功したことだ。しかもあっという間に制覇してしまったのだ。かつては、何事においても日本がアジアの先頭を切って走る「雁行」が当たり前だったのに、気が付いてみると彼らのほうがはるかかなたにいるではないか。

そして、その説明として、体制や地政学的に緊張感を強いられているので、日本のような平和ボケの国とは違うという言い方がある。もちろん危機管理に対する考え方が根本的に違うということは否定できないし、中国などは一党独裁だから統治しやすいのだ、などといった意見は恐らく正しいのだろう。

私が注目したのは、近隣諸国ではＩＴやＡＩ（人工知能）がかなり前から市民生活の中に浸透していたことだった。

すでにデジタル社会と呼べるほどに広く行き渡っており、学習や仕事の一部はハイテクで賄われていたのだ。日本人の驚きは彼らの常識だった。まるで一つ先の別の世界がそこにあった。

日本は島国であり、単一民族であるとともに、仏教徒が主なので宗教的な争いもない。現実は中国、韓国、ロシアにとり囲まれ、すがるはアメリカだけの心細い状況にあるが、今日明日の問題ではないので、国民には差し迫った危機感がない。要するにいい国なのだ。このような国は、大きな変革をしなければならないことがわかっていても、なかなか自分では決められない。

今までの日本の歴史を見ても、大きな変革は外圧によってなしえた例が多い。典型的な例として江戸時代の鎖国はまさにロックダウンであった。どこかの国のように、日本を出るということは国禁を犯したことになり、死刑という極刑が待っていた。ここでは江戸幕府という盤石な独裁国家があった。

明治以降、急速に国際化するために貪欲に欧米の文化・技術を取り入れて、追いつき追い越そうとした。世界大戦で敗戦国になったとたん主体性を失い、特に国の根幹に関わることは外圧によってしか決められない国になってしまった。戦後七十年にわたり、日米安保条約によって一応の安全が保障されているので、アメリカからの外圧に一〇〇%従わざるを得なかった。その最もわかりやすい例が一九八九年に始まる日米構造協議で、これは台頭してくる日本の経済力を弱めるために構造を変えてしまうアメリカのための二国間協議だった。

つまり、談合の禁止によって日本の護送船団方式は徹底的に破壊され、弱肉強食の時代へ進んだ。また大店法の規制緩和によって、地方の銀座商店街はシャッター通りになり消滅していった。本書ではその結果に対して良否を論ずるつもりはないが、良くも悪くも日本は外圧によって変わる、あるいは変えさせられてきた国であることを改めて感じる。

今回の新型コロナウイルスの場合、外圧ではなく世界が一変するＡＩやＩｏＴといった超メガトンクラスの技術革新がバックにある。日本はＩＴ化で後れを取ったが、このコロナ戦争によって一挙に挽回しなければならない。一方、先に触れた国民性の問題や監視社会への抵抗、あるいは行政組織の非効率性など支障になることが多々ある。ビジネスの面でも「協働から個人へ」の価値観が浸透していないので混乱が起こり、非常事態における一過性で終わることも考えられるが、今でも周回遅れのＩＴ化にこれ以上の遅れは許されない。

2　はっきり見えた日本的経営の限界

(1)　日本的経営を支えた三種の神器

日本的経営という言葉は古くからある。「日本的」とは日本独自の意味だが、歴史的に見ても諸外国とは一線を画した経営体が見られる。経営だけでなく、今回のコロナ対策でもいかんなく「日本的」感染防止策が見られた。

日本的経営が生まれた理由は、当然日本の歴史的な背景や国民性によるものである。しかし、時代の推移とともにメリット・デメリットが顕在化して変わっていく。今までの変わり方は遅々としたものだったが、コロナ禍は加速度的にこれを変えていくだろう。また、変えざるを得ないところに来ている。

高度成長期を支えた経営手法は欧米とは異なっていたので「日本的経営」と呼ばれた。アメリカの経営学者J・C・アベグレンは、その著書『日本の経営』で「三種の神器」として「終身雇用」「年功序列」「企業労働組合」を紹介し、その背景に長幼の序などの儒教の教えが影響していると指摘している。しかし、それ以上に日本人特有の価値観や民族性が色濃く反映していると言えると思う。つまり経済性よりも人を重視し、組織における人の存在や価値を優先することで企業の利益を生み出していく考え方である。

同じベルトコンベアを動かすにもチャップリンの「モダン・タイムス」では、労働者の個人の尊厳が失われ、機械の一部として描かれていた。日本の場合は搾取する意思よりも、共に働く人間の喜びが入る余地があった。この力が日本人の総力となり、世界第二位の経済大国にまで押し上げた原動力になったのである。

(2) 私が考えるコロナ下の三種の神器

私の考えるコロナ下の三種の神器は「非正規雇用」「副業」、そして「テレワーク」である。

雇用の流動性を目途として、小泉内閣によって非正規社員が大量に生み出された。その結果、二〇一九年の日本の雇用数は五六六〇万人、そのうち非正規社員が二一六五万人と四割を占める。これによって「終身雇用」は崩れつつある。また安倍内閣によって副業が解禁されたが、いよいよ労働市場は時間の切り売りの時代に入った。そこへとどめを刺したのが「在宅勤務・テレワーク」だ。

今までは運命共同体の拠点は会社であり、家族の拠点は当然家庭であった。両者の間には完全に境界線があり、お互いに踏み込むことのできない聖域の関係でさえあった。しかし、コロナ禍の現在、「仕事は会社へ来なくてもよい」時代になりつつある。このことは個人だけでなく社会全体の仕組みを変えていくことになる。日本人の持っていた共同体意識の見直しが始まるのだ。

このような事象が起こるのも、「就業形態の多様化」「副業の解禁」「テレワーク」によって、古き良き時代の「終身雇用」「年功序列」「企業内組合」など、働く仕組みが激変するからである。逆に今までは副業を認めないからこそ、生涯雇用が続いたとも言える。

また、仕事は会社ですることが前提であるからチームワークが重要視されたが、テレワークができるようになったことで、仕事の分業化が進み、生産性で評価する成果主義が導入される。当然、年功序列による賃金体系は続けられなくなる。企業内組合から横断型の在宅勤務者だけのヨコのテレワーク組合が結成されるかもしれない。

すでに広がっていた格差社会はますます顕著になり、社会問題になるだろう。もちろん国も放っておくわけではなく、セーフティネットや様々な法改正や規制で対応すると思うが、基本的には自分の身は自分で守らなければならなくなる。

ＡＩ時代の恐ろしいところは、利便性という素晴らしい贈り物の引き換えに、今までのように弱者だけではなく、一般の従業員にも大きな影響を与えることである。**ＡＩ時代は、普通の人は経営者の思うままに自由に処遇され、選ばれた人材は相応に厚遇されるようになるだろう。その結果、物心共に差は開く一方になる。**

「終身雇用」「年功序列」はすでに終焉を迎えていると言ってよい。これからの雇用関係のキーワードは**「時間」**と**「成果主義」**であり、それに関しては「甘えの構造」の許されない時代になる。そして成果主義を基本とした雇用契約による新たな形の信頼関係が生まれるだろう。もちろん弊害もあるが、まず能力主義を主軸にした雇用契約が結ばれることによって、ますます格差社会が広がる。

第3章 非常事態に求められる社長の覚悟と役割

1 非常事態の社長の覚悟

(1) 社長の決断力と実行力がすべて

新型コロナウイルスとの戦いは、まさに地球規模の戦いだった。国別に被害の程度こそ差はあったが、現状、その被害は世界中を総なめの感がある。生身の経営にとっては未曽有の危機だ。いよいよ生き残りを賭けた戦いが始まる。

今回の場合、危機管理ではなく敗戦処理に近い「リストラクチャリング（立て直し）」という言葉が適切ではないだろうか。立て直しはできるだけ短時間の間にリセットしなければならない。その行動には一刻の猶予もなく、何事もスピード感を持たなければならない。完璧を求めても無理なので、拙速が要求される。間違ったと思ったらすぐ戻ればよい。その試行錯誤の中から道筋が見えてくる。

一番ダメなのは手をこまねいて立ち止まったまま何もしないことである。まさに「ボーっと生きてんじゃねぇよ」と、怒るチコちゃんの言葉が現実味を持つ。今回の災難は成り行き任せで時を待っていても解決しない。立て直しを進める社長の役割は、攻めのリーダーシップと守りの環境を支えることにある。ずたずたに破られた戦線を一刻も早く立て直すためには、まず会社の環境を支えることから始めなければならない。

すべては社長の決断力と実行力である。

(2) 今こそ「火事場のクソ力」を出す時

社長＝決断力と言っても過言ではないので、今更「決断」など持ち出す必要はないと言われるかもしれないが、私はあえて改めて「決断力」を強調したい。

国家元首の役割は、最適の道を的確に選び、勇気をもって決断することである。勇気と決断という意味で最も重い影響力を持っているのはアメリカの大統領で、彼の一声は世界中に伝達され、そのたびに世界中の思惑を含んだ大きなエネルギーが動く。

トランプ大統領は、我々のような一市民から見ても荒唐無稽と思える決断をすることもあれば、時には虚を突いた、この方ならではの政治感覚を発揮することもある。いわば良い悪いは別として決断の塊のような存在であり、彼は四六時中、決断を迫られている。選挙戦を間近に控えて思わぬコロナの襲撃に遭い、イメージ戦略を変えざるを得なくなったと言われる。過去に作成してあったCMをすべて破棄して、この難局を乗り越える大統領として「決断力あるリーダー」を前面に押し出すことにしたと報じられた。

いわゆる「有事の金」は、ここでは「決断力」である。決断するためには「勇気」がいるし、その後の「結果責任」を持たなければならない。

長年、私は著作を通して、平時における社長の決断力について書いてきた。その理由は、そもそも決断力のない社長が多すぎるからだった。社長の仕事の大半は決断力によるはずであるが、事実は「論じて決せず」で、ほとんど「わかってはいるけれど」決断しない、あるいは実行できない人が多いのである。

有事の今、そんなことは言っていられない。生き残りをかけた危急存亡のときに総大将が何もしないで傍観していたら、旗下の総員は死を待つだけになる。

「火事場のクソ力」という言葉がある。ゆでたまご先生の漫画『キン肉マン』に登場する架空の能力であり、窮地に陥った時に普段をはるかに超えるパワーを発揮する。この漫画は、これを「自己防衛本能」「戦う超人にとって最も大きな野生の本能」と形容した。まさに今こそ「火事場のクソ力」を出し、普段を超えるパワーが必要とされる時である。

(3) 非常時には社長の変身が社員のモチベーションを上げる

先行きを考えると不安でいっぱいの社員にとって、社長の元気な顔が一番の妙薬だ。虚勢でもいいから明るく振る舞うことが何より大切になる。

前項にも書いたが、平時なら「はったりは苦手だ」「そもそも性格的にできない」「考え方が違う」など様々な言い訳も可能かもしれない。人間はそれほど器用な生き物ではないことは私も承知している。しかし、変えなければならないのだ。何しろ生き残りを賭けるのだから、もっと野性的な火事場のクソ力を出さなければならない。

今まで、温厚篤実、謙虚、人徳、信頼、任せる、聴く耳を持つ、平穏無事等々をモットーに、ライオンの群れに支えられてきた羊の社長も、今こそライオンの社長に変わらなければならない。『プルターク英雄伝』も「羊の率いるライオンの群れよりも、ライオンに従う羊の群れのほうが恐い」と言っている。勇猛果敢なライオンの部下から見限られることがあってはならない。

対人心理学では、他者に自分の印象を「自分の描いている」通りに積極的に抱かせることを印象操作という。社長は自分の意志をどのように効果的に社員に印象付け、意気に感じさせるかが大きなカギになる。そのために自分をいかにプレゼンテーションするかが勝負どころだ。

とにかく一挙手一投足、今は危機感をあらわにして訴えても違和感はないので、堂々と主張するべきだ。むしろ難局を乗り越える社長として、意識して以前にはなかったキャラクターに変身するぐらいの気持ちでちょうどいい。そのためには、普段の声よりも一オクターブ上げて発声してみよう。もぐもぐと口の中で唱えているようでは、どんな鼓舞激励の言葉を吐いても社員には響かない。声の力は自分自身を変え、社員を変えることができる。

大きな声を出すことによって脳に自分の声が伝達され、活性化する。活性化すると話していることが客観的に理解できるので、聞きながら自分の考えを整理し、あるいは補足して、メリハリのある話ができる。すると自然に説得力を増す。

そもそも大きな声で話すためには、自分の考えが的確で論理的でなければならない。トランプ大統領のように桁外れに例外的な人もいるが、少なくとも自信があれば声は出るのだ。中身があることが前提だが、「大きな声を出す」たったそれだけで、社長の意気込みや覚悟が理解でき、社員の協調体制が築かれていく。映画の戦場の場面で、声の小さな指揮官など見たことがない。力強い指揮官の号令一下、部下は奮い立ち死地へ向かうことができるのだ。

言霊という言葉があるように、魂がこもれば人の心を動かすことができる。コロナの猛威と戦っている時にドイツのメルケル首相の言葉は人々に勇気を与え、世界中を駆け巡った。

日本人はコロナ対応で決してドイツに劣らなかったし、それ以上の成果を上げたにもかかわらず、内外からはたびたび「遅い」「スピード感がない」と低評価を受けた。

外交ではかなりの成果を上げてきた安倍首相でさえ、パフォーマンスの能力に欠けているので世界はおろか国民にさえも言葉が伝わらなかった。日本人は同胞意識が強く、「言わなくてもわかってくれる」あるいは「そこまで言わなくても」「謙虚にふるまったほうが効果がある」などと、つい腰が引けてしまう。ところが現実は、「言わなければわからない」「言ってもわからない、あるいは実行しない」人たちが多くなってきたことに気が付かない。

トップたる者の言葉に、いかに迫力が必要かがよくわかる。会社は不特定多数の人間できているのではなく、互いをよく知る特定の人たちで成り立っている。いわば「運命共同体」なので、いったん乱れた戦線を統一するためにはどうしても「伝える技術」を即席ででも磨く必要がある。

今後の方向付けを明確にはっきり大きな声で伝えることである。その時にあなたの「決断力」は威力を発揮し、会社は甦る。

(4)「できない」は禁句、「どうしたらできるか」を習慣に

多くのクライアントを見てわかることは、会社の性格にもプラス思考とマイナス思考があ

ることである。

必ずしもプラス思考の会社が儲かり、マイナス思考の会社が赤字だとも言えない。はっきりした境界線があるわけでもなく、過去の歴史や扱っている商品、その背景にある世界など、様々な要素で構成されているが、この場合は社風となって表れる。しかし、日常の仕事となると社長の性格や考え方が大きく影響し、会社や部内がマイナス気分からプラス気分に変わって高揚したり、プラス気分からマイナス気分へ落ち込んだりする。つまり、「気」が変わるのだ。

会社は人間の集まりであり、個々の力の総和が組織の力になり、業績として結果が出る。したがって、人間の持っている「気」いかんによって組織は大きな影響を受ける。個の力を引き出す社長の力量が物を言うが、私に言わせれば、**「会社は社長の力量以上には伸びない」**のである。個々の力の総和とは言え、会社は社長の力がすべてであって、それ以上でもそれ以下でもない。つまり、社長の持つ気質は非常に大切であり、特に今度の非常事態では社長の突破力に負うところが大なのである。

通常、新市場の開拓などを役員会に諮れば、「当社では前例がない」「人がいない」「顧客の層が違う」「資金効率が悪い」「利益計画が甘すぎるのではないか」。大体これら五つが並べられ、社長は「時期尚早」「もう少し慎重に検討しよう」と、良くて中断、大方はお蔵入りになる。

しかし、今、選択肢は二つしかない。実行するか、しないかである。それだけにプラス思考が前提になる。プラス思考を身に着けるために、私自身これだけは習慣にしたいと思っていることをご紹介したい。

●決断する時は、プラスの面とマイナスの面の両面を見なくてはいけない。とかく直感でやりたいと思えば、良いことしか頭になくマイナス面を見ないままスタートしてしまう。マイナス面も十分検討していれば、反対意見が大勢を占めても自信をもって押し切ることができる。

●非常時にはとかくマイナス思考が働き、良く言えば守りに徹する傾向が強くなる。しかし、「ピンチはチャンス」も真理であり、**きっとうまくいく、何とかなる、**と肯定的に捉えることが非常に大切になる。「あの時、思い切ってやって良かった」「あそこで事業を売却したから、新しい事業を起こせた」などである。

●良いプラス思考は物事の両面を見ることができ、悪いプラス思考はマイナスを無視してプラスだけ見ようとする。テレビでサッカーを見ていて、素人目にも「右に蹴ればいいのに、なぜ反対の左に回したのか」と思えることがあるが、冷静かつ客観的に見ているので正しい判断ができるのである。**「今は非常時だが、何とか切り抜ける方法はあるはずだ」**と前向きに考えられることがプラス思考のメリットだ。

●プラス思考は「**とりあえずやってみよう**」「**どうしたらよいかを考えよう**」。マイナス思考は同じところをぐるぐる回り、停滞しているうちにどんどん事態は悪くなる。

●非常時は予測が難しいので失敗も多くなる。その時に両面を見て決めていれば良い方向を選択したはずである。再度検討して「やるべき」と判断したら、**失敗＋改善、そしてみんなで「どうしたらできるか」**とプラス思考で取り組めば成功の確率は高くなる。その積み重ねがプラス思考の会社を作っていく。

●非常事態で最も大切なことは、「**とりあえず、すぐやってみる**」である。そのためには完璧を望まない。やってみてダメならすぐ引き返す。両面を見る冷静なプラス思考があれば、朝令暮改も大事な戦術の一つである。

●成功したり、**うまくいった場合は、喜びを分かち合う。**

とにかく厳しい世の中だからシビアに考えがちになるが、できるだけ成功体験を積み重ね、参加した社員全員で褒め合うことが組織を強くするための社長の心得である。**非常事態**は「やったことがない」「できない」「難しい」を禁句にして、「どうしたらできるか」「まずやってみよう」と、プラス思考の言葉に一八〇度変えることだ。会社全体にこのような気風が出てくると、不思議なことに今までできなかったことができるようになる。

2 非常事態の社長の役割

(1) 事に当たる気構え

経営には様々な困難が付き物だが、新型コロナウイルスによって会社の存続が危ぶまれる非常事態が発生した。どのような対応をとるかによって会社の命運が左右される時である。緊急時に求められる社長の役割について説明したい。

●まず実態の把握

在宅勤務をしていた社員も戻ってくる。社員の顔を見て、じかに接し、手応えを五感で感じる。社員は不安を抱えているので社長自ら力強いメッセージを発信する。また、現場では「販売なくして事業なし」であるから、主要な顧客には改めて挨拶し先方の状況を把握する。

●非常事態は問題の先送りを許さない

非常事態の発生中は限られた情報の中で想定外の問題も起こるが、困難であればあるほど問題を先送りすると、さらに悪化するのが常である。その時その場で判断し、迅速に実行することである。ともすれば非常時にはつまらぬことに感情的になってしまい、社員に当たり散らす人がいるが、最も避けなければならない。社員が社長の器を知ってしまい、平常に戻れたとしても求心力が失われるからだ。

意識して、いつもより沈着冷静に優先順位を決め、適任者に指示しなければならない。今こそ、社員との間に真の信頼関係を築くチャンスである。

●社長の存在感を出す

社長が率先して自ら行動していることを社の内外に積極的に示すことは、社員に対しても顧客に対しても安心感と信頼を与える。逆に全く姿が見えない社長は周囲に不信感と不安を与えるので気を付けたい。ひとまず現状把握が終わり少し落ち着いた段階で、いよいよ会社の再構築に取り組む。

(2)　リーダーたちのポジションを明確にする

まずシフトを決めなければならないが、非常事態が発生する前の組織に戻り、各部門の長に対して権限と責任を改めて与える。権限と責任は組織論では日常用語であるが、なかなか浸透しない言葉でもある。非常事態では、この原則を守れないあるいは守らない管理者は厳罰で臨むぐらいの宣言をする。このような時はタテ組織を超えた横断的な問題が起こりがちなので、臨機応変にプロジェクトチームを編成して取り組む。

社長は担当するリーダーから逐一報告させ、その都度指揮をとって方向性を正していく。

(3) 復旧ビジョンと新たなビジネスモデルを示す

緊急案件がとりあえず処理できて、社員も持ち場に戻り平常勤務になりつつある段階になれば、社長が考えるコロナ禍における自社の方向付けを明らかにすべきだ。

日本は、「ＩＴの競争力」で世界に大きく後れを取り、『日本経済新聞』の最近の報道では二十三位である。生産性にしても二十位以下で、日本の国力が低下傾向にあることは何度も言われてきたが、今回は痛切に現実問題として突き付けられた。各企業も同一のランクであることを認識して、今後の自社のあり方を設計しなければならない。つまりビジョンの作成である。

ビジョンと言えば未来の空想ごとであり、単なる夢のようなお題目を連想しがちである。「あなたの会社のビジョンは何ですか」と問われると、そもそも日ごろから自分なりのビジョンに対する理解をしてないので恥ずかしい気持ちになるかもしれない。

私のビジョンに対する考え方は極めて現実的なものであり、その時々の時代の背景によって変えていくものだと思っている。つまり高邁な思想や永遠の理想論ではなく、あくまでも経営のツールであると思えば、大変わかりやすく真剣に考えるようになる。

具体的には、現実の自分の経営と世の中の動きがマッチしているか、あるいは乖離しているのか、乖離しているとしたら、何がどの程度ミスマッチなのかを冷静に判断して、コロナ禍後の経営をどの方向に変えていくのかを考えるべきだと思っている。例えばテレワークやテレビ会議が洪水のような勢いで知れ渡り、導入され始めた。わが社も乗り遅れまいと皆が飛びついているが、ビジョンもなく導入しても混乱が増すばかりで、最悪の場合は会社全体が変調をきたす。ここで方向性をはっきりさせる役割をビジョンが担う。

今回のビジョン作りには具体的には次の二つがある。コロナの前に戻すことをゴールにした復興ビジョンと、ＩＴ・ＡＩ時代に生きる新しいリストラクチャリングを対象にした変身ビジョンである。ただ戻しただけでは単なる修復にすぎず、現状維持さえ覚束ない。地球規模で大変な被害を受けたので、恐らくアフターコロナには大きな変化が起こる。人々の価値観もガラリと変わるので、会社も変わらなければ生き残れない。この場合、作成にあたっては復興前のビジネスモデルと非常事態後の自社のビジネスモデルを的確に分析して、新しい自社のビジョンを描くことが大切である。

復興するにしても、新しいビジョンによるビジネスモデルの実現には長い時間がかかる。本書では、新しいビジネスモデルを受け入れるだけの基礎的な体力を社員が身に着けるためのお手伝いをしたい。別章で詳細に説明するが、それは「当たり前のことを当たり前にできる社員にし、当たり前のことを当たり前にできる会社を作ること」である。

(4)　非常事態は時間との闘いだ！　タイムリミットを明確に設定する

コロナ禍の戦いは時間との戦いでもある。新たなビジネスモデルの実現に向けての基礎体力づくりであるから、そのトレーニング方法もできるだけ短時間でマスターしなければならない。トレーニングの期間としては二か月から三か月を目安とする。

英国の政治学者パーキンソンは、「仕事の量は、完成のために与えられた時間をすべて満たすまで膨張する」と言った。この法則をもとに私の体験した事実から「実のある仕事をする時は、その仕事量の七割の時間を設定すれば成功する」。つまり時間をかければかけるほど良い仕事はできない。**「時間と徹底」**をキーワードにする。何事も達成時間を明確にして、誰が何をどのようにしてやるのか、権限と責任をはっきりさせ、第三者のチェック機能をフルに活かして徹底する。

この仕組みを早急に作り、コロナが収束するより前に黒字化を達成しなければならない。

(5)　今こそ「権限の委譲と責任体制」を明確にする

社長には二つのタイプがあると思っている。仕事中心で業績志向の厳格型社長と、組織を維持する志向が強い人間関係中心の穏健型社長である。

社会心理学の理論では、極端な危機に直面した時は、厳格型で決断力があり、大きな声で陣頭指揮をとる社長が適していると言われる。それとは逆に、全く順調な時も厳格型社長が有効であるらしく、逆境と順境の中間の場合に稳健型の社長が有効なのだという。

しかしいずれにせよ、大切なことは命令が一貫していることであり、勢いだけ良くても出鱈目で、その場限りの思い付きの命令であった場合、その不安感は大きなストレスを生み、組織の人間関係は荒涼としたものになる。一丸どころか足の引っ張り合いや責任のなすり合いが始まる。こうなっては混乱が混乱を生み、問題の解決は難しくなる。厳格型社長の陥りやすい欠点は、メンツにこだわり一歩も引かないことが社長の力であると錯覚しがちなところにある。

逆に稳健型社長はこんな時ほど社員の意見を聞いて納得してもらうことだと思い、多くの意見を聞こうとする。あまりに全員の理解を求めすぎ、焦点のぼけたあいまいな結論になりがちだ。この場合、社員が不安感を持ち信頼しなくなる。

これらを防ぐ方法としては当然ながら、厳格型社長は稳健型の考え方を学び、稳健型社長は厳格型の思考法を学ぶことである。相手の欠点を突くのではなく、長所を意識して探す努力をすることによって自分の欠点を変える度量があることが、優れた社長の資質でもある。

次に、筋道を立てていったん動き出したら、権限を委譲して責任を持たせることだ。組織の五原則のうち最も大切な「権限・責任の一致」である。

この言葉も日常用語になっているが、現実は「責任は取らせるが権限はなかなか与えない」例が多い。また、「任せたいが、うちにはそんな人材はいない」と決め込んで、すべてを背負っている社長もいる。権限を与えないから、いつまでたっても任せられる人材が育たないのだ。

こんな時だからこそ思い切って任せると意外な結果が得られるものだ。人は信頼されると普段の力以上のものを出し、応えようと努力する。また周囲も「やってくれるだろう」と期待するので、その期待に応えて認められようとする。**権限を与え、その責任を持たせることが人を成長させる。地位が人を作り、役割が人を育てるのだ。**

⑹　非常事態の強制力は威力がある

社長から命令を受けた時、受けた社員は強制力を感じればその指示に従う。たとえ意に反することでも命令に従うのは強制力のためである。したがって強制力は今回のような非常事態の時は容易に社員を動かすことができるが、また極めて反感や敵愾心も生みやすい。

ところが、命令を下している上司は「人間性や自由」を無視していることに気が付かない。命令すると簡単に人は従うのでその魔力に取りつかれ、必要以上に乱用する傾向がある。あまりひどいと反逆集団ができ収拾がつかなくなるので気をつけなければならない。

しかし**非常事態では、一人一人の意志に反することがあっても社長のあなたが必要と思う**

なら、躊躇なく強制力を持って命じなければならない。強権の国が新型コロナウイルスに立ち向かって成功したことを思い出していただきたい。

(7) 非常事態に生まれた一丸体制を活かせ

社長の一番好きな言葉は「全社一丸」だが、それができれば経営は成功したのも同然だ。たいていは「笛吹けど踊らず」で、いくら社長が訴えようと、声を枯らして叫ぼうと、社員がバラバラでまとまらない会社も多いだろう。「なぜ、心を一つにしてくれないのだろう。まるでわかっていない」。思わず社長が溜息を漏らす場面である。今どき「俺についてこい」式の話では社員は付いていかない。

「会社の目標」が明確になっていない上に、更に「目標までのプロセス」が明示されていなければ羅針盤のない船のようなもので、自分の価値観で各自が思い思いに進むしかない。ところが今は非常時なので社員の心中は不安がいっぱい、「これからどうなるのか?」が常に念頭にあるので、何事にも疑心暗鬼になっている。こんな心理状態の時に信じられるのは、自分が納得できることだけである。

コロナ禍の危機感という共通の合言葉で結ばれているので、会社が望む一丸体制の中身が理解でき、進め方に納得できれば、「自分のために、そして会社のために働こう」という気運が盛り上がる。その時に初めて一丸体制は実現する。

(8)　実績を上げる決め手は「自分の目で確かめ、社員に任せない」

平時であれば組織を通じて報告・連絡・相談を受けてから指示を出せばよいが、緊急時の今はそんな余裕はない。蛇足になるが、平時のホウレンソウほど徹底できないものはない。社長のイライラの大半はホウレンソウができないことに原因がある。

前項で「今こそ権限を委譲し責任を持たせる」ことの必要性を書いたので、一見矛盾するようだが、ここでは管理者が部下に権限を委譲し、その結果責任を負っているかどうかを社長はしっかり見届けなければならないことを指している。とかく委譲しっぱなしで責任を取らない例が多すぎるからである。

「どこまでやったのか、できなければ原因はどこにあるのか、いつまでにどのようにしてやるのか」と徹底的に追及して、あきらめないことである。ただ、厳しいだけではなく、動機付けのフォローを必ず行い、人心を掌握しておく努力もしなければならない。社長が陣頭指揮に当たれば、戦線は奮い立ち、火事場のクソ力を出すものだ。社長の覚悟次第である。

3 何をおいても現場の総点検

まず、現場に戻る。現場をつぶさに検証する。

(1) お客様第一

●顧客の訪問

まずは、疎遠になっている顧客の現状を把握しなければならない。

ＡＢＣ管理（後述する）をしていれば、最優良顧客から順に訪問して、近況を聞き、一番困っていること、わからないこと、やってほしいことなど、緊急のニーズを聞く。自分の会社でできることがあれば、その場で即答し、簡単に答えられない場合は時間をもらう。

お互いに非常事態なので、助け合いの精神で共に考える姿勢が望まれる。ライバル社がいる時は相手も協力を申し出ているので、インパクトのある印象を与えなければならない。ここでのキーワードは**「どこよりも早い対応」**である。できない時はできないと明確に答えることも誠実さの証になる。

新規開拓はいつの時代も難しいものだが、こんな時こそチャンスだ。相手が欲していることや困っていることを知ったら、献身的に取り組めば入り込める確率が高くなる。要は、何に困っているのか、何をしてもらいたいのかを知る努力をすることである。

攻めの御用聞きの一方で、守るべきは守らなくてはいけない。これからは信用問題が大きなファクターになるので、顧客の言動を注意深く観察することが大切だ。場合によっては顧客を切ることも考えなければならない。したがって、訪問先の優先順位はそれぞれの価値判断で決めるとして、日ごろ要注意の顧客にはできるだけ早く会うことだ。

営業にとって「お金を回収して初めて売り上げを立てることができる」のであって、特にこの危機状態の売掛金は回収するまで手を抜くことはできない。いつ何どき事故が起きても慌てないように、自社の資金繰りは当然のこととして、万一不渡りが発生した時にとるべき措置等を顧問弁護士から聞いておく。戦後間もないころは、経済基盤が弱かったので一社が倒れると連鎖倒産を起こし、かなりの優良企業でもあおりを受けて大きな被害を受けた。当時の営業の管理職は信用管理に重きを置き、定期的に勉強会を開いて法的問題を学んだものである。

野心のある営業マンは回収から後処理まで適切に対応することが上司から認められる第一歩だったので、経営分析から商法まで勉強しなければならなかった。ところが最近は内部留保もしっかりしている会社が多くなったので、ほとんど倒産の話は聞かない。したがって、営業マンも売り上げ至上主義のため信用問題には甘く、まして債権の回収に関する知識などほとんどない。しかし、今回のコロナ禍では相当数の倒産件数が予測される。今からでも遅くはないので、会社として債権回収についての法律知識を学ぶことである。

取り立ての世界は先取特権という法律用語があるようにスピードが命であり、早い者勝ちなので後手に回るとババを掴むことになる。また、倒産後の法的な処理についても知っているといないとでは大きな違いがあるので、弁護士と連絡を密にとりつつ、管理者には信用管理面の知識を要求し、その責任のあることを改めて認識させなければならない。

●切るチャンス

「販売なくして事業なし」の言葉通り営業は売ることが仕事であり、すべてに優先する部署である。「客が言っているから頼むよ」と言えば生産であってもサービス工場であっても聞かざるを得ない。

マーケティングでは顧客のニーズに応えることがお題目のため、勘違いしてどんな要求でも受けようとする。平時のように売掛金は必ずお金になることが保証されていればよいが、今回の経済不況は桁が違うので、お金で回収できるまでは油断できない。経済が落ち着くまでの間は、不安な顧客は切ることである。この際、信用管理を厳重にして、顧客の棚卸をしなければならない。今までは売り上げに寄与するからとなかなか切れなかった相手も、いよいよ今回は思い切って「切る」チャンスだ。

世の中で最も難しい商売の一つに、コロナで槍玉に挙がったナイトクラブの経営がある。私のクライアントに今年三十周年を迎えるクラブがあるが、この世界では個人経営で三十年続く店は昼間の百年企業に匹敵する名門と言える。

水商売が永く続かない原因は売掛金回収の難しさにある。客は千差万別、財界の大物から詐欺師までやってくる。その客が信用できるかどうかはオーナーママの勘と、店の方針を守り通す根性しかない。三十年続く店の条件は、信用できる客層が多いこと、売り上げに対して一〇〇％回収が徹底していること、危ないと思った客に対しては「今夜のお勘定は結構ですが、今後はお断りします」と勇気をもって断れることである。

サービスを売るという弱い商売だけに、今まできれいに払っていた客から突然ツケにしてくれと言われた場合、「どうもやばい」と思ったら勇気をもって「ノー」と切れるママだけが三十年継続できるのである（一部拙著『夜の世界の経営学』22世紀アート社、から抜粋）。

健全な経営は、「切る」ことができる経営である。

経営者は儲けるためなら何でも取り込もうとするが、堅実に利益を上げるためには既存のものの棚卸をして、ムダなものを切る、捨てる、廃棄することも、同じように断行しなければならない。なぜなら、儲けるために溜め込んだ積年のヒト・モノ・顧客が、時代と共に不良品に変わり、逆に利益を食うからである。

目に余る社員、不良在庫、危ない客。これらを棚卸と大掃除で「切る」心掛けが基本である。

⑵　一日も早く生産現場を軌道に乗せる

生産活動を再開するにあたり、まず軌道に乗せることが最重点課題であり、改善・改革はそのあとになる。

初めにヒトの点検である。元通りの要員が確保できることを確認する必要がある。次に保守点検。これほど休業期間が長かった経験がないだけに、念入りにすべての部門・部署の現場を対象にする必要がある。特に事故の危険性がある場合は、責任体制を明確にして万全を期して点検をする。言うまでもないが、サプライチェーンの確保をしなければ再開のしようがない。あるいは営業による顧客の見直しと同じように、弱体化したプロセスの管理上、今の連鎖でよいのかを見直す時でもある。

人間の体は長い期間動かないと、どんなベテランであっても運動機能が低下しているので、流れ作業の場合は通常の半分のペースでならし運転することを心掛けたい。次に大切なことは人と人が分断された後なので、職制の末端まで命令や報告が行き渡るように意識してコミュニケーションを復活させる。

いざ生産に入った場合、今まで通りの工程が頭にあるために勘違いや連絡ミスが起きがちになる。営業関係者と綿密にコンタクトを取り、生産工程表を再点検しよう。**生産現場の要は「原点に戻る」である。**

管理の原則である目的の明確化を行い、数値目標を決定し、目的達成のための手段決めや段取りをし、チェックを念入りにしてから始めなければならない。

以上のことは日常管理にすぎないが、改めて初心に帰るチャンスと捉えたい。そこから新たに改革・改善の芽が生まれるのである。

いけないのは、以前からやっていることだからと気にも留めず、電源を入れて再開してしまうことだ。生産ラインが二か月も止まるなどという前代未聞のことが起きたのである。平時でもそんなアクシデントが起これば、会社は危機に陥る。現在は、「俺もお前も、同業者も顧客も」危機の状態にあることを認識して、この危機感こそ新しい創造性が働き進化していくタイミングとして捉えよう。どこよりも早く立ち直る意思が大切である。

コロナ禍によって今後、ＩＴ・ＡＩの導入は急速に進むだろう、また取り入れなければ生き残れない。しかし革新には必ずリスクが伴う。生産現場を取り巻くリスクについて改めて対応を考えなければならない。

・人材：退職者が増える、集まらない、育たない。

・安全管理：人身事故
・製品：製品責任
・設備：老朽化、代替え、新設、故障
・材料：サプライチェーンの再確認、加工ミス、海外からの調達不能
・建屋：火災、水害、老朽化
・技術：海外移転、特許期限、特許侵害、人材、技術革新の遅れ
・資金難：倒産、等々

ウイルスのような天災に近いリスクは滅多にないが、そもそも会社にリスクは付き物である。できるだけ被害を少なくすべく、あらかじめ多様な想定をして、それぞれの解決法について現場ごとに模擬訓練をしておかなければならない。

コロナ禍でわかったように、起きてしまってからでは遅いし、「知らない」「経験がない」は理由にならない。中国や韓国のスピード感は日ごろの備えから生まれたものとしか考えられないからである。

第4章　初めて体感した地球規模の危機感

1　危機感の共有は平時にはできない

平穏無事だったあのころ、常に社長は社内で「危機感を持て」と説教をしていたのではないか。また、「うちの社員はわかっていない」「うちの役員は何を考えているのか」と嘆いていたはずだ。

「わかっていない」「何を考えているのか」。社長が役員や社員と危機感を共有できないことに苛立って、孤独感にさいなまれて思わずつぶやく常套句である。「俺だけが何でこんな苦労をしなければならないのか」と自問自答が続く。

しかし、言われている役員や社員にとっては、社長の危機感など理解できるはずがないのだ。両者は次元の違う別の世界に生きているのだから、共有などできるわけがない。簡単に言えば、「給料が違うから」である。

社長の危機感は、会社を将来にわたって維持できるかどうかの生存の意味での危機感である。対する社員や役員は、自分に与えられた仕事に対して起こる障害に対しての危機感である。ここには明白なシチュエーションの違いがあり、わかり合えるはずがない。たとえ社長とナンバー2の副社長の関係であっても両者は全く生きている次元が違うのだ。どうしても共有を要求するなら社長の座を譲るか、社長と同額の給料を出す以外にはない。給料を支払う人と頂く人の違いである。

故に、平時には危機感の共有は永遠に期待できないと割り切ることである。まずこの非常事態を逃げないで、何が起きているのか直視することから始めたい。

2　危機感の共有は会社を変える絶好のチャンス

危機感の共有の原点は、他者と共に同じ逆境に立ち向かう時であり、まさに今日の未曽有の災難がそれに当たる。この地球規模の災難は会社の存亡に関わる危機であり、社長であろうと社員であろうと何ら変わらない。

不幸にも今こそ意識共有の時と思えば、これまで一〇〇％失敗し続けた意識改革のチャンスとも言える。

しかし、こんな時であっても危機感を共有できなければ、もともと会社自体に大きな欠陥があり、かなりの累損などがあれば先がないと判断して会社を閉じることも選択肢の一つになる。また、これだけ長い期間にわたり組織の停滞・中断が続くと、その間に社長だけでなく社員も今後の会社について考える。嫌でも現実と将来を予測して「これ以上、この会社で危機感を共有することなどできない。ちょうど見切る時かも」と思う社員がいてもおかしくない。そんな社員ほど、日ごろ目をかけ期待していた人材だったりする。

まさに、社長にとって長い間苦楽を共にした部下が、帰ってきてくれるのかを心配しなければならない異常事態なのだ。たとえ、そんな最悪の事態が起きても残る社員で死守しなければならないので、「去る者は追わず」を肝に銘じ、孤独と悔しさの頂点に達しても割り切る以外にない。

このような極限状態の時こそ、部下の人間性や能力の真の度合いが見えるので、冷静に両目を開けてしっかり把握することである。優秀だと思っていた社員が危機に際して使い物にならなかったり、逆に日ごろ物足りなかった社員が思わぬ働きをするのを発見するのもこんな時だ。特に役員こそ出番なので、彼らの本当の実力を見定めることができる。

キーワードは「立て直し」である。危機感を共有できたと仮定して、組織の立て直し、人心の立て直し、顧客の呼び戻し、すべての業種のサプライチェーンの点検、資金繰り等々、多岐にわたって再開へ向けた総点検をしなければならない。**そして一刻も早く黒字を出す環境を作り出さなければならないが、その原動力は危機感の共有にある。**

3　非常事態の危機管理

本来、事業活動の上で深刻な損失を被る、あるいは社会一般に深刻な影響を及ぼすと予測される事態を「危機」と言い、その危機を管理下に置いてコントロールするすべての活動を「危機管理」と言う。今回は予測ではなく現実に大災害が起きてしまったので、会社の持っているヒト・モノ・カネ・情報をフルに活用して、損失を最小限に抑えなければならない。

かつてある会社で、創業以来社長と苦楽を共にしてきた経理部長が巨額な手形を横流しした事件があった。元請け会社はその社長を信頼していたので、引き続き支援することが決まった。社長も社員も歓声を上げ再起を誓った夜（私もその場に居合わせていたが）、最大の顧客企業が不渡りを出したという知らせが入った。万事休すである。気の毒だが市場から退場して幕を閉じた。悪いことは重なるもので、ついていない時は次々と考えられないリスクが押し寄せてくる。不運は連続する傾向がある。こんな非常時には特に注意することを申し上げたい。

まず、取り組みの手順を挙げる。

●社長の方針

仮称「緊急措置経営委員会」を設置する（社長・役員で構成）。特にタテ割り組織の弊害があってはならない。ヨコの組織の連係プレイが必須の要件になる。
●被った被害を洗い出し、その被害の軽重を見極め分類する。
●優先順位を決めて、対応策を作成する。
●非常事態で最も大切な組織の原則「責任と権限」を明確にすることを伝える。
●戦術を実行してはじめて戦略は生きる。綿密な実行プログラムを作成する。
●すべての行動について、「どこまでできたか」「結果を出したか」「なぜできないか」「どうしたらできるか」「いつまでにするか」「誰がするか」を明確にする。
●再び取り組む。このＰＤＣＡを徹底的に回す。その結果、確かな成果を確保する。その繰り返しである。

社長をはじめとして役員は方針を明示するだけでなく、対応する組織体制および進捗状況を定期的に点検し、常に見直しの役割を果たす。黒字にするリストラクチャリングは、ＰＤＣＡのうち特にＣとＡを強調した「チェック・アンド・チェック、そして再びアクション」であり、達成できるまで徹底してフォローしていかなければならない。サバイバルの挑戦であるから、絶対に手抜きを見逃してはならない。

合言葉は「徹底」である。

4 こんな時ほど犯罪は起こりやすい

非常事態は誰もが浮足立っているので犯罪が起こりやすい。被害を受ける側は怒りの持っていきようもないが、起きてしまったことは仕方がないので泣き寝入りするほかはない。会社が被害を受ける原因は多種多様で数えきれないほどあるが、意外に元凶は社内にある場合が多い。

特に非常時には社長をはじめとして皆が会社の一大事に忙殺されているが、そのちょっとした隙間を縫って犯罪は起きる。捕らえてみれば信じ切っていた役員だったりする。酷な言い方をすると、社長の脇が甘いのである、もっと言えば管理の甘い会社が犯罪者を作ってしまう場合さえある。

(1) 銀行印は命より大切

会社の大小にかかわらず、手形を発行している会社は、手形に押す銀行印を経理部長に預けている例が多い。多忙な社長は常に会社にいるわけではないので、専門部門の責任者に預けることは当然ではある。また、社内では創業以来苦楽を共にしてきた最も信頼している仲間を金庫番にすることは自然の成り行きである。尤もなことで間違ってはいないが、それでも私はあえて銀行印は社長自身が手形に押さなければならないと思っている。現実に私のクライアントにこんな例があった。

建材を扱う中堅の商社で、社長は取引先からの信頼も厚く、社員は真面目でよく働いていたので業績も好調だった。

ある日、社長の母親が重い病気になったので見舞いのため外出することになった。それまで、几帳面な社長は必ず手形に自分で押印していたが、つい銀行印を一番信頼していた経理部長に預けた。社長不在のわずかの間に巨額の金が手形として流れていった。善意の第三者に渡ると支払いを拒絶することができないため、会社は倒産してしまった。原因は母親の病気であり、社長自身に何一つ落ち度はなかったが、不幸は連続するのである。

銀行印は輪転機と同じ機能を持っているので、会社の生殺を握っている。今回のコロナ禍のような非常事態にも、決して銀行印を他人に預けてはならないことの例として示した。

(2) 見逃してはならない小さな横領

会社が身内の社員によって瓦解していく例を多く見てきた。その最たるものが現金の横領だが、その場合、会社自体が犯罪を起こさせる環境にあると結論づけたい。経営に甘さがあるので、生来悪人でない者までが出来心を起こして犯罪者になってしまうケースである。

例えば、会社が小さければ経理は一人のベテランを信頼して任せざるを得ない。このような環境に置かれると、家庭の事情でお金が必要な時、ちょっと借りておこうとする。誰も見ていないし、チェックする人もいない。すべて任されているので、あとで返しておけばよいと思う。この時点では全く悪気はない。二度三度と続くうち、月末に返せばよい、賞与で返せばよい、と段々エスカレートして止まらなくなり、気が付いた時には桁が二つ増えている。こうなると、とことんまでやるしかないと開き直り、億単位まで行ってしまえば、会社もこの社員と心中することになる。農協や建設業組合などは半ば公共であるからマスコミに報道されるが、会社の場合は信用に関わるので、かなり大きな横領があっても表に出ないだけのことだ。

今はどんな零細企業でも経理ソフトを使っているので、普通の人たちでは見破ることはできない。こんな時に最も簡単な防止策がある。

横領される原因は、誰も見ていない、誰もチェックをしていないことから始まる。しかし、会社が小さいのでチェックシステムを作っても人員がいない。まず社長自身が、現金出納帳の残高と手提げ金庫の中の小銭が合っているかを調べるのである。一週間に二回程度チェックをして、一円まで帳簿と合っていれば、まず彼ないし彼女は信頼できると見てよい。合わない場合は額にもよるが要注意なので、以後警戒することによって未然に防ぐことができる。

加えて大切なことは、正しく記帳されている場合、「たまたまお金が必要だったので、帳簿に付けておこうとしたら、残高がピッタリ合っていたよ。君はシビアによくやってくれてるねー」と褒めることである。それだけで、「ああ、社長は見ているんだ」と以後も緊張して仕事をしてくれるようになる。聞いてみれば大したことではないだろうが、未然に防ぐ意味で細かな気配りが最も大切な経営手法である。

経営は社員を信じることが前提だが、チェック機能をしっかりさせておくことも、社員との信頼を維持する決め手になる。

(3)　会社の根底を腐らせる脱税

経理の不正が発覚しにくくなった原因は、ＩＴ時代を迎えてますますシステムやソフトが複雑化していることにある。また、クリックするだけで巨額のお金を動かすこともできるが、昔は横領をするためには裏帳簿を作らなければならず、大変な労力を要した。実際あった話だが、二重帳簿を作成するために毎晩遅くまで一人で黙々と残業（？）している経理マンもいたほどだ。

ところが、現在は自由自在に一瞬で粉飾した貸借対照表を作成することができ、それを見破るのは簡単ではない。それだけに、つい誘惑にかられ犯罪に走る。

会社ぐるみの不正としてよくあるのが脱税である。確かにコロナ禍のような非常事態になると、血のにじむような努力で稼ぎ出した利益だけに、できることなら納税を少しでも減らしたい気持ちになる。会社存続のため、社員のため、と自分に言い聞かせることもできる。ところが一度やると、麻薬と同じでやめられなくなる。正直に税金を払うことが馬鹿馬鹿しくなるからである。

二度三度と税務署の目を潜り抜けると、罪の意識はほとんどなくなり、ブレーキが効かなくなり、逆に脱税しないと損をしたような気持ちに変わってしまう。このような会社は、まず経理関係者自身に数字に対する厳粛な気持ちがなくなり、杜撰な扱いになる。会社が数字合わせをしているのだから、経理マン自身も同じく横領に手を染めるようになっても不思議ではない。そういう会社では、営業も売掛金に対する管理が緩くなり、不良債権が多くなる。製造関係でも品質管理が甘くなり、返品やリコールが繰り返し起きるようになる。

つまり、社長自らが脱税すると、すべての部署の管理に錆が出てくる。会社が傾きだす前兆なので、早く気が付かなければ後戻りができなくなる恐ろしい病である。脱税などは「当たり前の経営」に反する最たるものと心得たい。

以上、代表的な三つの例を紹介したが、特に非常事態は通常と違って何が起きても不思議ではないので、脇を締めて自制と警戒を怠らないことが絶対の条件になる。

5　非常事態に起こりやすい重大損失を最小限に抑える決め手

その他、会社に重大な損害を与える恐れがある場合について紹介する。

中でも、顧客からのクレームや社員の個人的なミスはどこでも起きるので避けられない。対処の仕方によっては取り返しのつかない損失が発生する。初めはボヤ程度だったのが対処が遅かったために大火事になるのと同じで、報告・連絡・相談（ホウレンソウ）を怠ることからトラブルは発生する。あるいは怠るというよりも、事の重大さに報告することが怖くなるところから始まると言ってもよい。自分の汚点になるので、ひた隠しに隠してなんとか自力で解決しようとする。

自分の手に余るようになって、ようやく上司に伝える。上司は管理責任を問われるので問題を部内にとどめて、他部門には知られないように処理する。「この件は絶対に生産部に知られるなよ」などと緘口令が敷かれ、組織ぐるみで工作することになる。ここまでの間、個人の段階で相当時間を費やしているので相手も許す限度を越えている。

大方の問題は本社の営業部で終わるが、それでは済まない問題になると、いよいよ会社ぐるみの不正へと拡大する。今度は会社を守るために隠せるだけ隠し、対外的には会社の信用を守るために全社を挙げて隠蔽工作をする。

ここに至って発覚した時のダメージは大きく、会社の信用に関わる大問題になる。大企業であればマスコミに知られ、テレビの前で社長以下が頭を深々と下げるシーンの出番である。社長は怒り心頭に発して「なぜもっと早く対処しなかったのか！」と部門長を怒鳴りつけ、部門長は課長に、課長は当人に、「なぜもっと早く報告なり相談をしなかったのか？」と問い詰めるが、すでに取り返しはつかないのだ。

ところが、対応いかんでは「禍を転じて福と為す」で、逆に以前よりも信用がついて、以後の付き合いが深まることさえある。**そのキーワードは一にも二にもスピードが命で、相手先への素早い誠実な対応に尽きる。**

対応が早ければ早いほど相手の心証も良くなるし、損失も少なくて済むが、現実に起きている事例は、逆にとことんまでシラを切って世間の顰蹙を買う例が多すぎる。政治家の「秘書がやったことで」と同様に、大企業のトップが「部下がやったことで知らなかった」などと平気で頭を下げている姿を見ると、組織の基本さえわかっていないことを露呈するようなもので、ますます会社の信用を傷つけている。加えて最近では内部告発が公に認められるようになったので、姑息な手段では隠し切れない時代になった。ミスをなくすことは不可能なので、たとえ起きても最小限に食い止める仕組みが必要になる。

キーワード1　即報告

被害を最小限に食い止めるのはスピード以外にはなく、スピード解決するには発生したらすぐ社内で開示できるシステムを作っておかなければならない。そこで「クレームはできるだけ早く報告しなさい」などと精神論で呼びかけても全く効果がなく、トコトンまで机の中にしまわれてしまうのが落ちだ。「なぜもっと早く知らせてくれなかった?」が上司の口から出た時はすべてが終わったあとで、それこそ後の祭りである。

隠すという行為の裏には恐怖感がある。これがばれたらクビになるかもしれない、あるいは責任を取らされて降格になるかもしれないと恐れ、なんとか自分の中で処理しようとする。原因が恐怖感なら、これを取り除くことを考えれば解決するはずだ。

キーワード2　恐怖からの解放

「クレームが発生したら直ちに報告せよ」。このようなことをいくら叫んでも、意識改革と同じで極めて常識的なことなので聞きおくにすぎない。現実に起きれば全く用をなさない。そこで当事者が速やかに報告できるような仕組みを作ることになるが、ここでのキーワードは**「恐れを取り除く」**である。

キーワード3　罪を問わない

安心して報告ができるように、個人でも部門でも発生直後に報告した場合、罪は問わないことを明記した内規を作る（ただし、報告が遅れ被害が大きくなった場合は、解雇もありうる）。

すぐ報告さえすれば情状酌量の余地ありとなれば、恐怖感がなくなり勇気も出る。また、部門間でも隠ぺい工作をしなくて済むわけである。この内規と後述する**二十分ミーティング**を結ぶと絶大な効果を生む。

二十分ミーティングを簡単に説明すると、毎朝ヨコの組織の管理者を集めて、文字通り二十分だけ報告・連絡・相談をするのである。

そこで、「実は昨日、うちの○○君がミスをしてしまいました」などと情報共有ができるので、各部門長で役割分担をし、直ちに行動を起こす。その日のうちに顧客へ誠意を示すことができ、解決までの時間も確保できるはずだ。スピードによって被害を最小限で止められる仕組みである。

肝心なのは、ミスを犯した社員が直属の上司に報告し、受けた管理者が直ちにヨコの組織のミーティングに報告する仕組みである。その方法は、

●犯罪ではなく自分の責任でミスを犯した場合、直ちに直属の上司に報告すれば責任は問わない。

●ただし、報告が遅れた結果、損害を生じた場合は辞任もありうる。

●報告を受けた上司は遅くとも翌日の二十分ミーティングで報告することを義務とする。怠った場合は全面的に管理責任を問う。

本人にとっても、恐れずすぐ報告すれば全社的に取り組んでもらえるので、深く反省し二度と起こしてはならないと肝に銘じるはずである。起きてしまったことは仕方がないことで、やたら「クビだ！　降格だ！　減給だ！」と恐怖心を煽って委縮させるよりも、カムバックさせ再生させるほうが会社にとっても損して元が取れる可能性がある。

「迅速に報告する」ことをもって罪を問わない仕組みである。聞いてみれば至って単純明快な発想だが、まさにコロンブスの卵である。

> リスクを最小限で食い止める唯一の方法は、迅速な対応である。迅速な対応とは社員の即報告である。どんな些細なミスであっても人間は隠せるものなら隠したい本能を持っている。次に、大きな損害が出ることがわかれば、所属組織は全社に広がらないように部内で解決しようとし、ますます対応が遅れる。手に負えなくなった時は会社自体が存続を否定される場合さえある。即報告ができない理由は「情報公開」による「処罰」に対する恐怖があるからである。解決策は「報告の恐怖」を取り除いてやることである。

「全員が即報告する」仕組みは、会社の罰則規定に以下の文言を入れることで明文化する。
一　社員が即報告した場合は責任を問わない。
二　ただし、怠った場合は厳罰とする。

6　非常時には専門家集団で防備を固める

いくら元気に振る舞っても一人ではできないし、会社の総力を挙げても解決策が見当たらないこともある。とにかく非常事態だから、何が起きてもおかしくはない。こんな時は専門家が身近にいてくれたら助かる。

①　事故によるリスク

ネットワークシステムの故障、コンピューターウイルスの感染、データの消滅、サイバーテロ、ハッキング、等々。

②　経営に関するリスク

知的財産に関する紛争、顧客からの賠償請求、従業員からの賠償請求、株主代表訴訟、与信管理の失敗、取引先の倒産、廃棄物処理、リコール、欠陥商品、セクシャルハラスメント、労働争議、パワーハラスメント、役員・社員による不正やスキャンダル、横領・贈賄・収賄、過労死、外国人不法就労、海外従業員雇用問題、国内出張者の安全対策の失敗、独占禁止法違反、契約紛争、プライバシーの侵害、個人情報の流失、監督官庁への虚偽報告、新規事業設備投資の失敗、企業買収・合併・吸収の失敗、顧客対応失敗、製品開発の失敗、社内機密情報の漏洩、取引先の事故、取引金融機関の事故・倒産、経営者の執務不能、グループ会社の不祥事、地域社会との関係悪化、マスコミ対策の失敗、等々。

③　**政治・経済・社会リスク**

法律制度の急激な変化、国際社会の圧力、通商問題、戦争・内乱・クーデター、経済危機、景気変動、為替・金利変動、原料の調達不能、顧客ニーズの変化、テロ、インターネットによる誹謗中傷、風評被害、不買運動、暴力団、感染症の蔓延、等々。

④　**天災リスク**

地震、津波、暖冬、寒波、水害、火災、停電、交通事故、労災事故、盗難、有害物質、危険物、バイオハザード、等々。

（以上の分類表示は東京海上リスクコンサルティングによる）

このように挙げてみると、十年前には意識さえされていなかったことや存在さえしなかった様々なリスクが混在していることがわかる。今回のようなウイルスの感染症の場合、被害が大きいだけに想像を超えた影響を及ぼし、企業はいついかなる時に、どんな形でリスクに晒されるかわからない。

そのために、信頼できる各部門の専門家を持つことが重要になる。また、今顧問にしている税理士、コンサルタント、弁護士等について、改めて見直すことも必要になる。今まで相談相手を持っていなかったら、この際、専門家を使うことも考えなければならない。

日本は訴訟社会ではないので知恵や経験に対して対価を支払うことに抵抗感を持つ人が多いが、多様化し技術革新のスピードが異次元の現在、一集団で取り組んでも対応し切れるものではない。

また、意外に思われるかもしれないが、同業者の中で繁盛している社長を尊敬することもお勧めする。会社の大小にかかわらず競合相手だが、彼ほど情報を持っている人はいない。非常事態であればあるほど最強の相談相手になるので日ごろからの付き合いを心掛けたい。ほとんどの社長は自社よりも格下の会社と付き合いたがるが、逆である。人間は尊敬され、親しく接近してくる者に対して決して悪い気はしない。このような危機の時に思い切って相談すれば、驚くほどオープンマインドで適切なアドバイスをしてくれる確率は高い。

信頼できる「その道の相談相手」を作ることは、最大にして最小の危機管理である。

第Ⅱ部

非常事態に絶対負けない経営
～三か月で最強の会社にする～

キーワードは「会社は当たり前のことを当たり前にできる会社にすること」であり、そのために「当たり前のことを当たり前にできる社員にすること」である。

第5章 三か月で最強の会社にする経営

1 ITに振り回されてはいけない

コロナウイルスとの戦いにおいて、今回ほどIT（情報技術）の力を見せつけられたことはなかった。その点については前述したので端折るとして、特に在宅勤務などで働き方は劇的な変化を見せた。その上、教育現場のネット環境や役所のIT活用などで、世界から見て日本がかなり遅れていることには衝撃を受けた。

一言で言えばコロナウイルスによって、改めて世界はIT時代に入っていることを知ったが、日本人はただ驚き、振り回され続けたと言ってもよい。

しかし、果たしてこのまま流れに遅れまいと、何の準備もなく闇雲に走り出していいのだろうか。確かにITの力は大きく、使い勝手も良いし、これからますます改良され、より高度な技術が提供されるようになるはずだ。その普及率がアメリカや中国、韓国、ヨーロッパ並みになるのも時間の問題だろう。

当然、生産性を上げるツールであるから導入しなければ生き残れない。真剣に勉強して、対応できる人材を作らなければならない。

同時に、受け入れるための基本的な経営基盤がなければ、むやみに取り入れてはＡＩや情報技術に振り回され、人間力が追い付かないまま肝心の組織が崩壊する恐れさえある。相手に力かあればあるほど、こちらも足腰を丈夫にして受け入れなければならない。

ＩＴが手足なら、「当たり前の経営」は胴体に当たる。どのように優れた手足を持っていても、支える胴体が強靭でなければ成果は出ない。

例えばＩＴの発達によって、働き方一つとっても在宅勤務やフレックスタイム、あるいは副業などと多様化していく。ますます自由化、細分化、専門化、独立化が進むことで、協調性やコミュニケーション力を欠いた、「見える化」の逆現象のような、お互いが見えない、管理不在のフラット組織が増えていく。

このような組織力の欠落した企業は一定のところで進化を止め、やがて維持できなくなって崩壊の道をたどることになる。「当たり前のことが当たり前にできない社員の集団」は「当たり前のことが当たり前にできない会社」だから、利益は漏れ放題で、伸びないどころか存続もできない。

多くの優れた起業家が斬新なビジネスモデルを開発しては、継続する力がなく消滅していく事実がそれを証明している。それは、目先のＩＴの持つ魔力に魅せられて、肝心の当たり前のことをおろそかにした経営をするからだ。

ＩＴが進化すればするほど、当たり前のことが当たり前にできる会社にしなければならない。当たり前のことができない会社はＩＴに取り込まれ振り回されて、自らを維持できなくなり内部から崩壊してしまう。**今こそ当たり前の基本、凡事の徹底によって会社の足腰を鍛える時だ。**

2　急がば回れ！　もう一度原点に戻る

ここまでコロナ禍による経営の変化について説明してきたが、現状を踏まえて「さあ、これからどうするのか？」である。

経営の現場はまさに混乱を極め、長い時間をかけて構築してきた「ヒト、モノ、カネ、情報」はズタズタに切り裂かれ、無残な残骸が露呈している。

多くの経営者は茫然自失の思いで、何から手を付けたらよいのか途方に暮れているのではないだろうか。一刻も早く態勢を立て直して会社を黒字にしなければならない。

①　最優先課題として、社員の動揺や不安を鎮め、在宅勤務や情報機器によって分断された社員との絆をできるだけ早く取り戻さなければならない。これを機会に人心を一新す

ることだ。

② 先立つものはお金、運転資金の調達であるから、まずは資金繰りを精査しよう。公的機関の補助金等あらゆる施策を活用することは当たり前であり、金融機関はもとよりコンサルタント、弁護士、税理士、社会保険労務士、公認会計士、M&Aその他各種専門家に相談することが最も近道である。

③ 会社を支える、収入源の顧客、原料の仕入先、協力会社などがいつ戻るのか予測がつかない。コロナ禍の恐ろしさは、自社だけでなく世界中が等しく被害を受け経済活動が止まったことである。そのため内外の影響を受け、大企業、中小企業を問わず直接間接に経営に対するボディブローは効いている。取引先には共に取り組む連帯感を伝え、相手の出方によっては今後の取引にも言及して強気を織り交ぜ対応するしかない。逆に顧客の要求に応えられない場合は、優先順位を明確にして顧客の流失を最小限に食い止めなければならない。

④ 事務所の整理、生産工場の5S、社屋の移転、調達・流通の見直しなど。物の修復は時間がかかり、たった一つの部品が届かなくても生産ラインは止まってしまう。一番の悩みは自社の力ではどうにもならないことである。

こんな時は誰でもマイナス思考から抜け出せないが、意識して心のスイッチを切り替えなければならない。つらいことだが、冷静でなければならないのがリーダーである。知っている世界、無意識に過去の踏襲で生きてきた世界、なんとなく動いていた会社、社員も真面目で懸命に働いてくれた会社。平時なら会社は昨日もあり、今日もあり、明日もあったのだ。それが一瞬で暗転して、等しく非常事態に遭遇してしまった。

非常事態のリカバリーと黒字化は、日ごろ縁の薄かった「当たり前の経営」を徹底することで可能になる。

3　非常事態に磨く「当たり前の経営」

非常事態での黒字化という目的を達成するために、コロナ禍によって分断された社員をまとめて実戦に臨まなければならない。そのために最も効果的な手段は「当たり前のことを当たり前にできる経営」である。

戦争や今回のようなウイルスとの戦いは、世界規模の事件であるから一人の力ではいかんともしがたい。会社が傾いても多少は同情してもらえるかもしれないが、会社が消滅してしまえば元も子もない。どのような場合であっても結果がすべてだ。

しかも非常事態は生き残りを賭けた究極の選択を日々迫ってくるので、会社の体力をじわじわと奪い、長引けば長引くほど生存確率が下がっていく。なんとしても一日も早い黒字化を達成しなければならない。

①　通常、経営者は利益を積み増すことしか考えないが、現実は積み増すどころか反対にマイナスなのだ。バブル崩壊後、営々と築いてきた黒字体質なので、現実にマイナスの結果を突き付けられると、恐怖に近い不安から「どうしてよいかわからない」錯乱状態に陥る。そんな時にＡＩやＩｏＴに振り回されて、テレワークだ、テレビ会議だと焦って飛びつくと、もともと受け入れる下地がないだけに余計混乱してますます方向を見失ってしまう恐れがある。今大切なことは落ち着いて基本に戻ることであり、まずマイナスの要因をキャッチして徹底した当たり前の経営をすることによって、浮足立った戦線を立て直さなければならない。

②　当たり前の経営では、利益の追求の他に生産性を上げることが目的になる。日本企業の生産性は低いと言われている。原因の一つは「和をもって尊しと為す」日本人の国民性だろう。長時間労働やサービス残業、終身雇用、年功序列、談合による護送船団などは典型的な日本的経営であり、かつてはそれが強みになり世界第二位の経済大国にまでなった。しかし、ＩＴやＡＩを活用して効率経営に徹しようとすれば、日本的経営の強さであったそれぞれの仕組みが弱さへと反転する。それがＩＴの導入を遅らせる原因に

なったのだ。

当たり前の経営は、言葉を変えればＰＤＣＡを効率良く回してムダを省く経営とも言える。その達成のためには、やらざるを得ない仕組みやシステムの力が必要になる。やらざるを得ない仕組みの中で、ＩＴはツールとして組み込まれ、より強力なソフトが生まれる。あくまでもその中核的存在が「当たり前の経営」である。

今回のコロナ禍は、外圧でしか変わらない日本にＩＴ普及の後押しをした。もう一度原点に戻り、当たり前の経営の大切さをしっかり身に着けるチャンスだと理解してほしい。

忘れられた経営の原点を地道に追求することによって、本格的なＩ Ｔ・Ａ Ｉ時代を迎えることができる。どんなことにも良い側面を見つけなければいけない。

4 「当たり前の力」を実証した各界の実力者の言葉

(1) 勝負に生きる人たちの極めつけの言葉

勝負の世界は毎日が非常事態だ。勝ちと負けの選択肢のうち、勝つことしか認められない過酷な状況下で一流になった人たちの言葉は、真理を突いていて学ぶことも多い。

ID野球の野村克也監督の語録

○勝つ決め手は、奇策ではなくやるべきことを一つ一つ積み重ねていくだけだ。

○プロの世界では一流と二流の差は目に見えるほどのものではない。どこに差が出るかといえば、ロッカーの整頓のようなほんのちょっとした積み重ねが結果として大きくなる。（イチローも同じことを言っている。）

○当たり前の中から原則を見つけ出した者が勝者になる。

体操ニッポンの復活　アテネで二十八年ぶりに団体優勝をして

○体操で一番大事なことは難しい技ではなくて、「基本の大切さ」だということに気がついた。

○基本を貫き一気に躍進（当時の『産経新聞』の見出し）

谷川浩司十七世名人

○勝負どころで「運」をつかむには、平素から地道にできることをきちんとやっておくしかない。

(2)　凡事の徹底をしている会社の例

会社には社訓、社是、経営方針などがあるが、大方の会社では社長室の額縁に入った飾り物にすぎない。ここでは、積極的にそれを社会に発信している会社の例を挙げてみよう。

MKタクシー「ありがとう運動」

私たちは、タクシー運賃には次のサービスがふくまれていると考えています。

○「ありがとうございます」とあいさつをします。

○「MKの○○です」と社員名を明かします。

○「どちらまでですか」「○○ですね」と行き先を確認します。

○「ありがとうございました、お忘れ物はございませんか」とお礼を云います。

以上を実行しないときは運賃をいただきません。

ユニクロの基本方針

○親切に笑顔で奉仕　○礼儀・挨拶の徹底　○すべてをクリーンに

○早く、元気よく　○品切れゼロ　○顧客はいつも最優先する

モスバーガー

二十五日間の研修で、初日は一時間半、二日目以降は三十分をさいて「掃除」についての理論と実践を行っている。

イエローハット　鍵山秀三郎元社長

自ら率先垂範してトイレの掃除をしたが、全社員に徹底するのに十年かかった。

東京ディズニーランド

徹底した教育による「従業員の態度や言葉遣い」と「園内の清潔さ」。

各従業員が定められたエリアを十五分ごとに、しっかりと掃除をする。

丸井の五訓

○服装は、いつもさわやか清潔に

○清掃は、みずからすすんで丁寧に　○挨拶は、明るい笑顔に心をこめて

○接客は、正しい言葉に感謝をこめて　○包装は、はやくきれいに手際よく

日本ＩＢＭ

「わが社は最先端の技術の会社だが、社会的な常識に欠けている社員が多い。これでは二十一世紀は乗り切れない。まず礼儀作法からしっかり定着させたい」

新年の初出の朝、社長自らが玄関に出て出勤してくる社員に挨拶をした。（一九九九年一月『アエラ』より）

(3)　経営を極めた人の言葉

経営を極めた人たちは、求道者であり、哲学者であり、宗教家でもある。したがって彼らの言葉は、箴言、金言、寸言、寸鉄であり、真理であるから学ばなければならない。

日本電産会長　永守重信氏（日経フォーラム世界経営者会議で）

○経営はとかく難しいことを考えがちだが、当たり前のことを当たり前にするだけだ。

○「整理」「作法」「躾」の3Sができずに難しい戦略を考えてもムダ。

○工場が汚くて社員の躾もできないのに、株価が高くて成長している会社を紹介してくれたら一億円差し上げてもよい。

○コロナ禍の株主総会で、「儲けるために、もう一度原点に戻って経営をする」

元東芝　岩田弐夫社長

○平凡の持つ豊かさ、平凡の難しさが本当にわかるには歳月がかかる。この平凡が本物になった時、これを「非凡」というのだ。

元経団連　土光敏夫会長

○経営に奇策はない。

○経営は毎日の当たり前の積み重ねである。当たり前のことを当たり前にできれば、会社は利益の出る体質になる。

京セラ創業者、日本航空の再建をした稲盛和夫氏

○何事も新しいことをしようとすれば六十回以上言わなければできない。一度や二度言ったからできるなど妄想にすぎない。

いずれも含蓄のある重い言葉であり、「当たり前の経営」のすすめである。

5　平時ではできない「当たり前の経営」

当たり前の経営は私のライフワークなので、様々なクライアント企業で実施してきたが、凡事の徹底を実行することは並みの努力では困難で、試行錯誤の連続だった。しかし、達成できたその先には大きな黒字化が待っていた。この模様は拙著『絶対黒字化できる仕組み』（CCCメディアハウス）に書いた。

難しい理由は、当たり前すぎて、その「威力」を見過ごしてしまうからである。万一理解できたとしても、「当たり前のことだから、いつでもできる」と思うから、なかなか始めない。そのうちに忘れてしまう。もう一歩進んで、当たり前の経営に共感して始めてみても、当たり前すぎて続かない。

ほとんどの会社は当たり前のことができないから利益が出ないのも当たり前で、なかなか赤字から脱却できないでいる。コロナ下ではそんな危惧を持つ余裕がないので、「まず隗より始めよ」で、とにかく取り組むことである。

その際の教訓として私が膝を叩いて「これだ！」と共感した言葉は、野村克也監督の「当たり前の中から原則を見つけ出した者が勝者になる」。つまり、「当たり前の中から利益の原則を見つけ出した会社が繁栄する」のである。この言葉は「当たり前の経営」の威力を理解することであり、本物の経営は「当たり前の経営」の中にあることを認識しなければスタートを切れない。

危機感を共有している今こそ、当たり前の経営をしっかり身に着ける時である。本気で取り組めばどんな会社でも三か月でマスターできる。当たり前のことができる会社になればIT社会に後れを取ることはない。

第6章 「当たり前の経営」の出発点は感染率を抑えた日本式挨拶から

1 挨拶の語源

日本が感染率を低く抑えられている原因の一つに、日本式挨拶が幸いしたと聞いた。言われてみれば欧米のように抱擁密着しなければ親密感が表せない風習ではない。コロナによって分断された人間関係の修復は挨拶から始まる。

まず、五感に訴える挨拶ができなければ、これから立ち向かう修羅場でどんなに難しいことを考えてもムダである。その理由は、挨拶のできない会社は、「当たり前のことを当たり前にできる会社」ではないからである。

旧聞に属するが、二十年以上前の『アエラ』に特集記事で紹介された日本ＩＢＭの例を紹介する。当時、日本ＩＢＭ社は日本最強の情報産業だった。役員会で「二十一世紀を迎えるにあたりわが社に欠けているもの」を議題に討議した末の結論は、「日本ＩＢＭに欠けているものは礼儀作法である。これでは二十一世紀を迎えることはできない」であった。仕事始めの時に社長自らが玄関に立って、出社してくる社員一人一人に年頭の挨拶をしたと報じた。当時、最先端の会社が「当たり前のことができないこと」を最も欠けたこととして、二十一世紀を迎えるにあたり挨拶をしようと決めたことは慧眼だったと思う。日本電産の創業者である永守重信会長も終始一貫、「挨拶ができない会社が難しい戦略を考えても無駄である」と言っているが、主旨は同じだ。まさに、コロナ禍によって古き良き時代（？）は終わりを告げ、新しい時代に突入する。

現在進行中であるが、情報産業が社会をリードする。しかし、挨拶一つできない、あるいはしない会社が多い。二十年たった現在、全く同じ場面が再現されている。

ある気鋭の評論家が「最近街を歩いていて人々の視線を感じなくなった」と言っていたのを思い出す。そう言われてみれば日本人はパソコンやスマートフォンと向き合う時間が多くなったせいか、外に出ても目を合わせなくなったような気がする。目が合って次に挨拶が来るのが自然の行為であるが、挨拶をしなくなったのは、そもそも視線を避けるようになったからかもしれない。

そう考えると、今の若者は内向きのイメージが強い。

他人との出会いを最初に体感するのは幼稚園であるが、その幼稚園で最初に教えるのが「先生、おはようございます」の「挨拶」である。

人と会ったり別れたりする時に儀礼的な言葉をかける。会合や儀式などでは改まってお祝いや感謝の言葉を述べる。挨拶は生活の中に溶け込んだ自然な営みだが、意外に「挨拶」の語源に関心を持つ人は少ない。

「挨」の字は書く機会がないし、「拶」も単独ではあまり使わない。読めても書けないという人が多いと思うが、語源は一体どこから来たのだろう。

挨：押す、打つ、接近する、開く

拶：迫る、ぴったりくっつく

仏教の禅宗で使用されていた禅語であり、「一挨一拶（いちあいいっさつ）」が日常語になったと言われている。一つ押して一つ迫る、心を開いて接するという意味らしい。また言葉のやり取りで相手の修行（悟り）の進み具合を調べる意味でもあったようだ。

語源からは、かなり気合が入った真剣勝負のイメージが立ち昇る。単なるコミュニケーションの手段ではなく、本来であれば朝一番「今日もがんばろう」という合言葉かもしれない。理屈はともかく、人の営みが挨拶に始まり挨拶に終わることには変わりがない。当然、「当たり前の経営」の筆頭には「挨拶の徹底」が挙げられる。

「よし、この難関を突破するぞ！」を合言葉として、出勤してくる社員同士が大きな声で挨拶を交わし合う姿は気持ちの良いものである。逆に、黙って部屋に入り、そのまま自席に直行して読みかけの新聞を広げている姿は、いかにも覇気がなく周りの気持ちも萎えさせる。

取引先からも、明るい挨拶のできている会社は元気が良くて儲かっているように見えるが、挨拶一つしない会社は業績も悪かろうと判断されてしまう。厳密に相関関係を調べたわけではないが、少なくとも挨拶のできない会社のチームワークが良く見えないことだけは確かである。

もちろん、サービス業ともなれば挨拶が基本であり、それ次第で客の入りが変わるぐらいの強力な武器になる。

2　なぜ挨拶ができないのか

挨拶の持つ力について理解もし、すでに何度も「挨拶運動」を試みたが、いまだに全員に行き渡らないというケースも多い。

特に若い人たちには「なぜ挨拶するのか」から始めなければ進まない。「顔を洗って幼稚園から出直せ！」と怒鳴りたい気持ちになるが、ここは我慢のしどころだ。

それでも危機感の共有ができている今のような環境なら、原点に戻ろうと訴えることで、「挨拶運動」の再チャレンジも受け入れられやすいはずだ。


なぜ挨拶は浸透しないのか？

「挨拶をしよう」と命令を下すのは管理職で、できるかどうか監督するのも上司だ。うまくいかない会社では、挨拶をしない社員に対して「なぜ君は俺に挨拶をしないのか」「会社で決めたことだから守れよ」と怒りをぶつけているはずだ。これでは何年かかっても挨拶のできる会社にはならない。

簡単な解決方法を教えよう。社長のあなたから「おはよう!」と明るい大きな声で呼びかければいい。三日も続ければどんなに偏屈な相手でも、軍門に下って照れくさそうに挨拶を返してくるはずだ。いや、相手の反応に関係なく、一年でも二年でも平気で続ける気で行こう。気持ちのいい挨拶をできる社員が一人でも増えればいい。そう割り切れば楽になる。

自分に対して挨拶をさせようとするから抵抗されるのであって、社長のほうから先手を打って社員に挨拶すれば、一週間で全員ができるようになる。「当たり前の経営」はまさにコロンブスの卵である。

3　JISの審査官が語った話

生コンクリート会社は国のJIS規格を取らなければならない。私のサラリーマン時代の体験である。かつての通産省からベテランの審査官が来て審査をするのだが、その時の係官の話が「当たり前の経営」のヒントになった。

彼が言うには、自分が審査のために企業を訪問すると、社長や役員が門の前で出迎えてくれる。そこまではよくあることだが、行き交う社員たちもみんな元気に「ご苦労様」と挨拶してくれるところは合格率が高い。ところが社員ではない清掃のおばさんや社員食堂の人までがエプロンを脱いで丁寧なあいさつをしてくれる会社がある。このような会社は半日見ただけで一〇〇％合格する。

その理由として彼は、「挨拶のような当たり前のことを関係のないお掃除のおばさんにまで浸透させることは難しいんです。それに比べてＪＩＳの規格の試験などは課題がはっきりしているだけに全員に浸透しているはずです。これは自信をもって言えますよ」と話してくれた。

挨拶こそ、経営の根幹である報告・連絡・相談、その他「当たり前の経営」の原点だ。生き残りをかけた戦いは、「まず挨拶」で乗り切ってほしい。

第7章 人間関係の修復

1 コロナ禍で失われたコミュニケーション

企業がコロナ禍で受けた最も大きなダメージは、言うまでもなく売り上げである。売り上げゼロの日が数か月に及ぶなどということは戦争以外に滅多にないはずで、まさにウイルスとの戦いである。

バブル崩壊後、これに懲りた日本企業は内部留保に努め、外国の投資家から見て魅力の乏しい市場になった。確かにお金は貯めてばかりいても増えないものだが、今回のような強烈なパンチをもらうと、その内部留保で助かった大企業も多いはずだ。中小企業にとって三か月以上の運転資金を常に持つということは大変なことだが、やはり先立つものはお金である。

お金に次ぐ大きなダメージは人間関係の分断だった。日ごろから職場でのコミュニケーションは大きな課題で、人間関係の大切さは誰もが知りつつ、その不全性をもありがちなこととして許容しがちなものだ。つまり、「人間のすることだから、好き嫌いはあるよね」とあきらめてしまう。ところが今回だけは、嫌でもズタズタに切り裂かれた人間関係を修復しなければならない。非常事態で黒字化を実現するには、やはり社員の和、チームワーク、共有と協働がなければならない。

今ほど全社一丸が望まれる時はない。普段から「うちの社員は、うちの役員は」と愚痴ばかり言って何一つ手を付けなかったツケが回ってきたのかもしれない。とにかく戦線を統一して復興に向けてがんばるしかない。そのためには「目標を明確にし」「プロセスを具体化し」「スピードをもって」第一歩を踏み出さなければならない。

2　まず一対一のミーティングで不安感を取り除くこと

今回のコロナ禍では誰もが孤立感と不安感の入り混じった焦燥を覚えたと思う。人間にとって最もストレスが生じるのは、自己の存在に自信を失った時である。それが高じると、組織から否定され無視されてしまうのではないかという恐怖に近い気持ちを持つようになる。

今すべきことは社長と社員の一対一の面談である。この最小単位のミーティングで大事なのは、相手と同じレベルに立って感じる気持ちだ。とかく説教型になったり、手抜きをする社員などに対して、「今までのような仕事をしていたら辞めてもらうしかないよ」などと脅しまがいの協力を強いる上司もいるが、ここはぐっとこらえて共感してもらうほうを選ぶ。

もともと力のある社員でも、相応に認めてもらえないと、だんだん自分の力を出さなくなり、組織の中でアウトサイダーになっていく。

激変する環境の中で、社長から「こんな時だからこそお前の力が必要なんだよ」と言われれば意識を変えるきっかけができる。マイナスの戦力がプラスに転じれば生産性が上がる。危機感の共有は人材の再生、人材のリセット、人材の発掘をするチャンスだ。

お互いに置かれた環境を理解し合い、共有することから始める。その上で「困っていることはないか、手助けすることはないか」などと管理者から手を差し伸べて「あなたは一人ではないのだ。会社には仲間たちがいる」と伝えることで、自分の居場所へ帰る安心感を持ってもらおう。連帯の意識が生まれれば、共にがんばれるはずだ。

かなりのエネルギーを要するが、**このミーティングはすべての社員に公平に行わなければいけない**。一見回り道のように思われても、社員の人心を掌握し、安心を共有することから始めたい。

その上で社長の気構えと今後の具体的な行動指針を伝えれば、社員も自分が何をすべきかを理解する。長い空白期間を埋めて新しい目標を持てれば、モチベーションを高めて職場に戻ってこれる。

非常事態の経営は、まず不安を抱いて帰ってきた社員を玄関で温かく迎えてやることに

よって、結束力と再生のエネルギーを作り出すのである。

3 社内コミュニケーションはツールを使いこなす

(1) コミュニケーションは今も昔も永遠の課題

今も昔も社内コミュニケーションの重要さに変わりはないが、なかなか思うように意思疎通できないのが経営者の悩みだ。

代表的な例がホウレンソウ（報告・連絡・相談）や一丸体制だが、すべて人間の情感に頼るものであり、その仕組みは運動会、社内旅行、誕生日会、忘年会、お花見会などのイベントがある。また、社内報や総決起集会、事業計画発表会、褒章式など、業務の一環として組み込まれたものもある。

中でも特に社内旅行は、終戦直後の何もない時代から、会社が設営する一大イベントとして最大の楽しみだったので、バブル崩壊まで続いた。余談になるが、そのために大広間を持つ旅館や大規模ホテルが全盛になった。一時衰退して経営難のところもあったのが、インバウンドによって息を吹き返しかけて、今またコロナウイルスによって危機に瀕している。

もう一つ、日本企業に特徴的なコミュニケーションツールが、インフォーマルな「飲み会」である。勘定科目は交際費だが、実態は社内コミュニケーションのための費用が含まれていた。販売目標を達成できたと言っては祝杯を挙げ、仕事で悔しい思いをしたと言っては憂さ晴らしをする。酒場は勤務中にはわからない社員の不満や建設的な提案を聞く場として使われ、昼間怒鳴りすぎた上司も関係修復のためにバーやクラブへ部下を連れて行く。

飲み会はチームワークで仕事をする日本的経営の力の源だった。会社もそれをコミュニケーションをとるための手段として暗黙裡に認めていたので、バブル当時の交際費は六兆円にも及んだ（ちなみにコロナ禍前で三兆円に半減していた）。

最近の日本では、たとえ上司が誘っても部下は来なくなったと聞く。その意味では成熟社会の先進国になったのかもしれないが、一方で意思の疎通が難しくなったので、熱い連帯感のようなものは生まれにくい。

さて、ここ数年、社内コミュニケーションを良くするためのツールとしてイベントを活用する兆しもあったようだが、非常事態宣言でまた振り出しに戻った。今後、コミュニケーションの必要性からウェブによる新たなツールが加速度的に導入されることが予測される。

(2)　ますます進化する社内コミュニケーションのツール

平成三〇年度の『情報通信白書』に、社内SNS、テレビ会議、チャット、電子決済などの情報ツールを使用している国別のデータがあるが、アメリカは約六五％、イギリスは五五％、ドイツは四五％普及しているのに対し、日本は二五％しか使っていない。日本はここでも周回遅れである。やはり我々は、人間同士じかに五感で感じたほうがコミュニケーションを取りやすいと考えているらしい。

しかし、在宅勤務が広がると、前にもまして社内コミュニケーションは必須になる。どこの会社も情報技術やツールの導入なくして経営のできない時代に入った。

社内ＳＮＳ

フェイスブックやツイッターなどのＳＮＳで、社内向けに運用されるよう特化したシステムのことを言う。多くはウェブ上で運用され、社員だけがアクセスできる権限を持つ。社内ＳＮＳであればプライベートなことには使われないので、気軽にフォローし合える利点がある。

主に、仕事関係の情報や出来事、社内のサークルやイベントなどの告知に使われる。一方通行の社内報と違って、誰もが情報発信できる。

その他に、電話をしながら通信を共有することが可能で、部単位やチーム単位で情報のやり取りができ、仕事の進み具合などを複数の社員間で共有できるビジネスチャットもある。

グループウェア

社内の情報共有やコミュニケーションの促進を図り、業務の効率を上げるツールをグループウェアと言う。主な機能には電子メール、電子掲示板、稟議システム、メッセージ、ファイルの共有、スケジュール管理、自分自身の仕事の整理のためのＴｏＤｏ管理など幅広く有効なツールが使われている。

遠隔システム

ウェブ会議、テレビ会議などの遠隔システムは離れた支店などで働く社員同士が顔を合わせて会議を進めるためのツールである。特にウェブ会議はインターネット回線とパソコンを使用して、場所も時間も選ばず気軽に会議や報告・相談ができる。気軽に導入でき、比較的小さな単位の場合はコストを含めメリットが大きい。コミュニケーションには欠かせないツールになりつつある。

テレビ会議はグループウェアの一種で、普段あまり会う機会のない人とも頻繁にフェイス・トゥ・フェイスのコミュニケーションがとれるようになる。安価かつ便利なので、使えば使うほど各メンバーの仕事のスピードが上がり全体的な業務の効率化にもつながる。

いずれもコスト低減につながり、迅速な対応を可能にするので生産性が上がる。一番の利点は顔を見ながら話ができるので、安心感と信頼性が増して人間関係が良くなることである。

(3) どんなツールを与えても使わない社員

会社がコミュニケーションツールを提供して環境づくりをしても、使おうとしない社員が必ず出てくる。会議を開いても最後まで一度も口を開かないまま帰っていく社員がいる。そこで、意見のない者には参加を認めないルールを作った。最も大切なことは「なぜ、コミュニケーションを良くしなければならないのか」、その目的を徹底的に理解させる以外にない。もちろん今は非常時だから危機感は共有できているはずだが、どこにも甘い社員はいるので、彼に正論を話しても聞いたふりをしているだけで、あまり期待はできない。むしろ逆に社内コミュニケーションが欠けていればどのような弊害があるかを考えさせ、レポートを出させるとかなり効果がある。

要はどこまで徹底できるかの問題だ。情報化社会になるとペーパーレス化が進むが、どうしてもスマホやパソコンによるデジタル化は浸透しない欠点がある。ちょうどワープロが出たことによって漢字を忘れてしまい書けなくなったのと同じことが起こる。

社内コミュニケーションが悪くなると、作業効率が悪くなる。社内あるいはチームの雰囲気が悪くなる。個々の能力を最大限に発揮できない。協調性が生まれないので売り上げが上がらない。こんなギスギスした会社にはいたくないと離職率が高くなる。

社内コミュニケーションが不足すると、会社全体の士気が下がり、本来ならもっと伸ばせる業績も止まってしまう。非常事態における黒字化は社内コミュニケーションが良くなければ一歩も進まない。そこがスタートラインなのだ。

目的が理解されれば社員が自発的にコミュニケーションをとるようになるし、社員一人一人が進んで環境を良くしようとする意思を持てば、**コロナ禍が逆に大きなチャンスにもなる。**

第8章 非常事態の黒字化はコストの削減から

1 コストダウンの原点は「見えない業務」を数字化すること

(1) 今日の会議の原価はいくらで、売り上げに換算するといくらになるのか？

今回のコロナ禍で、業種によっては在宅でも勤務できることがわかった。このことは今まで体験したことのない大きな出来事だった。メリットとして事務所の賃料や交通費、用紙代をはじめとした事務コストが大幅に下がることが実感できた。

工場の生産性については日常の課題であるから、精密な時間管理や質量にわたるコントロールはもともと大きな関心事だったが、事務コストについてはほとんど意識をしてこなかった。そればかりか役員から社員まで、会社の備品の私的使用や社用と称する飲み食いなど公私混同をしているケースも多い。

日ごろ気にも留めない会社の勘定科目を見ていると、驚くべきことを発見する。まず、自社の試算表を見てみよう。損益計算書の勘定科目を経営者あるいは社員に関わるものだけ拾い出してみる。つまり販売費及び一般管理費（経費）である。

例えば、給料、賞与、交通費、会議費、事務用品代、旅費、消耗品代、事務用品代、水道光熱費、新聞雑誌代、福利厚生費、備品代、消耗品費、ビル管理費、通信費、地代家賃、社会保険の負担、雑費など、ここまで挙げてくると、あとは原価償却費と租税公課だけになる。

つまり、すべての経費はあなた自身に関係している出費であることがわかる。ところが上級管理職の社員でも、たいてい自分とは関わりのない数字として捉えている。どんなに高額の給料をもらっている人でも「自分の給料は安い」と思っているが、実際にかかる経費は自分の給料の二倍に上ることを知る必要がある。

平成三〇年度の国税庁の発表では正規雇用社員の平均給与は五〇四万円である。年収が五百万円なら、福利厚生費、社会保険料、退職積立金、交通費、研修費用、業務に使用する機器やリース料、販売費等の間接人件費は同額かかると言われているので、合計で約一千万円になる。

次に労働時間を調べてみると、契約上は一日八時間、休憩一時間であるが、経団連によると二〇一六〜一八年の三年間平均労働時間は二〇〇八時間である。また厚生労働省調べの平成三〇年の休日数：百十四日＋平均有給休暇実数：十八日を参考にする。

以上をまとめると、社員に関わる費用は一人一〇〇八万円、労働時間は二〇〇八時間、労働日数は年間二三三日になる。この基本数字を使うと、一日当たり四万三千円、時間給は五〇〇〇円、一分当たり八三円かかることになる。

事務コストについて計測する具体的な物差しがないのでピンと来ないが、このように細分化して一分当たりの単価まで出すと、原価の実態が理解できる。

在宅勤務によってウェブ会議やテレビ会議が行われるようになったが、過去の会議のコストをシミュレーションする。例えば東京に本社を置いて全国展開している会社が、月一回営業会議をする場合、一体いくらの原価がかかっているのだろうか。

参加者が支店の部長クラスなら平均給与はぐんと高くなる。一人に関わる費用を二倍の二千万円とすれば一日当たり八万六千円、時間給は約一万円とし、その他の諸条件は基本数字で試算する。参加者は本社含めて五十五名、移動時間を加えて丸一日八時間とすると、人件費関係だけで、五十五人×八時間×一万円＝四百四十万円になる。

少し前なら営業会議の後は必ず宴席が設けられたので、その他の費用は計り知れないものになった。仮に良い気持ちになって一泊すると出張旅費は跳ね上がる。一か月に一度とすると年間五千万円を超える。営業一部門だけで巨額の費用がかかるので、海外等を含めると天文学的数字になるだろう。情報機器を使ったリモート会議が巨額のコストダウンを生み出すことがよくわかる。

(2) コストを売上高に換算すると意識はガラリと変わる

コストダウンをする時にぜひ導入したい考え方は「インプット・アウトプット」である。つまり一つ一つの仕事に要するコスト計算をして、それとの比較においてアウトプットの意味があるかどうかを数字で示すと、絶大な効果がある。

先の某社の営業会議の費用が年間五千万円だとして、このコストを売り上げでカバーするとすればどうなるのかを計算すると、即座に理解できる。

売上高利益率が一〇％とすると、五千万円の会議のコストは、なんと五億円の売り上げ拡大で回収しなければならない。売上高利益率が半分の五％なら、当然必要な売り上げは十億円に上がる。逆に言えば、五億円や十億円もの売り上げ増加による利益を、たった五十万人が月一度の会議で費やしてしまうのである。

この例は営業一部門だけだが、生産会議、開発会議、人事会議、総務会議などもあり、そのまた下部組織にもそれぞれの分科会があるので、すべての会議のコストを考えると恐ろしいほどだ。

これだけ見ても会議は真剣にならざるを得ず、アウトプットに見合う会議にしなければならないことに気付く。実効性を上げるための会議の基本、「当たり前の会議の進め方」が必要になるが、詳細は後述する。

オフィスの仕事の一分一秒が、儲かる会社にするために極めて貴重なものであることをしっかり認識しておかなければならない。このコストに見合う売り上げを増やすことは生易しいことではないが、営業会議ですら一言も発しないまま終える緩み切った社員がいる。会議をする前に次のようなメッセージを伝えれば必ず効果は上がるはずだ。

(3) 私が実践した会議の例

> 「本日の会議は七名で三時間の会議です。ここでの一時間は三五〇〇〇円であり、一分当たり五八三円です。本日は三時間の会議なので会議のコストは一〇五〇〇〇円、売上高利益率が一〇％なので、売り上げに換算すれば約一〇〇万円に当たります。
> 逆に言えば一〇〇万円の売り上げが生み出す利益を、たった七人が三時間で費やしてしまいます。実のある会議にしましょう」

このメッセージは数字を入れ替えれば、どんな会議でも使える。

この時の反応は今でも覚えているが、参加者は声を上げて驚き、会議は厳粛に行われて良い出来栄えだった。百の説法より、具体的な数字である。

2 見えないムダの構造を知る

国内外とも、多くの企業で何か月もの間、売り上げが消える異常事態に陥った。収入はないが支出だけは確実に出るので残るは赤字である。ワクチンが開発されるまでは収束しないが、その間は赤字を最小限に抑えるために出費を制限して徹底的にコストカットするしかない。具体的なコストダウンについては章を改めて述べることにして、ここでは見えない構造的なムダについて触れることにする。

(1) クリエイティブな集団こそ見えないムダの本丸

ホワイトカラーと呼ばれる職種を少し詳しく見てみよう。簡単に言えば企画職や本社スタッフを加えた事務職である。未だかつて（会社の浮沈に関わる時でさえ）コストダウンや人員整理もしくは希望退職といったリストラクチャリングとは無縁のゾーンだった。特に企画関係者は彼ら自身がコストカッターであるから、自分たちは全くの対象外と思い込んでいる。首切り役人が首を切られるなど考えもしないのだ。

また、生産現場と違って仕事を時間で測ったり、業績を評価したりする物差しがないので、夜遅くまで居残っていると「真面目で熱心によくやってくれる」程度の主観的な評価にとどまる。

また、同じホワイトカラーの中にも一般事務職と企画などのスタッフ職という内容の違う二つの職種が存在する。企画室や社長室、あるいはクリエイティブで成り立っているソフトの開発部門などは聖域化していて、誰も踏み込めない。ボーっとしていても会社のために知恵を出しているのだろうと周りが察して疑問にも思われない。この非定型の職域ほど余裕やムダを取り上げると激しい抵抗をするものだ。会社の管理者に甘さや考え違いがあるからと言わざるを得ない。

抵抗勢力の言い分は、「我々の仕事にムダの基準はあるのか」や「ムダでないという判断はどこでするのか」で、言われた側がなぜか反論せず沙汰止みになる。かくしてアンタッチャブルな神秘領域の出来上がりだ。しかも彼らは社内のエリートで、高給取りでもあり、彼らの提案の良否が会社の業績を左右しかねない。余談になるが、実際にやらされる実行部隊の現場では「現場を知らないで机の上で考えているだけの奴らに何がわかる」と不満を持っているのが常である。

そもそも「ムダ」に判断基準を設けることが誤りである。「私の仕事は本当に会社の役に立っているのだろうか?」から発想するシビアな目を持たなければならない。しかし、この観点の欠陥は特にエリート集団にあっては、自身の存在自体に大きな価値を見出だしているので、自分の仕事すべてに価値があると思い込む。すると、それなりの存在理由を見つけるのはたやすいので、自分を否定するような発想は打ち消され今の仕事のやり方を肯定してしまう。ひとたび信じ込んでしまうと、断じて譲らないので改善は絶望的となる。

今から七十五年前、英国の歴史学者パーキンソンは官僚組織の肥大化について、「組織が肥大化するのは業務が増えるのではなく、組織が役人を増やすメカニズムが働く。そのために、組織が拡大すると仕事も増える」と唱えた。学生時代にこれを読み共感したことを思い出して、今回また読み返してみた。興味深いことに、「仕事の量は完成のために与えられた時間をすべて満たすまで膨張する」「支出の額は収入の額に達するまで膨張する」とも言っている。

私のコンサルティング経験では、人間は設定された時間よりも二割短い時間で仕事をした時のほうが良い仕事ができる。例えば、彼の能力で三日かかるだろう仕事に、余裕を見て五日与えることがある。大方の日本人は二日猶予を与えれば確実で良い仕事ができると信じている。ところが実際は三日の仕事を二日でさせると、五日与えた時よりも仕事の質が良いことを実感した。

つまり、人間は横着なもので五日与えると三日目までは手を付けないからである。特に創造性の高い仕事などは二日しか与えられないと集中するので、脳が活性化して質の良いアイデアが出る。作家などには締め切りが近くならないと仕事ができない人がいるが、これと同じ類いである。

苛酷ではあるが、エリート集団になればなるほどムダを意識しなければならない。

(2)　ホワイトカラーこそムダの塊

一方、一般事務職は時間が重要なファクターになる。新型コロナウイルスのおかげで在宅勤務を余儀なくされた結果、皆と一緒に仕事をしている間は無意識であったものが、家で一人だけでコツコツ仕事をしてみることで自分の仕事を客観視できたのではないか。「果たしてこんな仕事、やる必要があるのだろうか」から始まり、「会社にいる時よりずっと早く終わった」あるいは「いつでもやれると思うと、結局終わるのは夜中だった」など。仮に勤務ぶりの行動履歴を追求できるカメラで撮ってみれば、人間の仕事がいかに成り行き任せで場当たり的なものか、ムダの多いことを思い知らされただろう。与えられた仕事を残業までしてこなしている毎日では、ムダなど考えも及ばないのが普通だ。

では、どこに視点を置くか。「ムダな仕事に貴重な労力を使わない」とすると、「今の自分の仕事は本当に必要なのか」「もっとスリム化すれば半分の時間で済むのではないか」といった発想をしなければならない。恐らく今回の経験でテレワークの効力は理解したはずなので、これからもこの方向に進むだろう。先にも挙げた通り、通勤費をはじめ固定費の多くが節減できる。原価意識によって多くの会社が職務分析をして、在宅でも十分できることがわかれば躊躇なく仕分けにかかるだろう。

会社に残る人、会社に来なくてもいい人に分かれ、いよいよ分断が始まるが、これはこれで別の角度から検証しなければならない。その先にはＡＩが取って代わる日がやがて来る。まさに一人一人の死活問題になる。

ホワイトカラーの仕事は「ムダの塊」と考えることから始めるべきである。

(3)　テレワークで初めて自分の仕事がわかる

事業構造の組み換えはマクロの問題だが、対極にあるのは個々の社員の業務である。テレワークを体感した人は改めて自分の仕事の中身とその量、質、そして費やす時間がわかったはずだ。この機会に個々の社員の職務分析をすることによってムダや改善点が見えてくる。会社全体の仕事を検証するためには、まず個人の業務の棚卸をした後、部門でまとめるプロセスを踏む。その手順として、

●まず、自分の仕事を目に見えるように業務内容記録表を作成する。業務内容はできるだけ細かく書き出してみる。この場合、記録することが目的ではなく、それによって自分の仕

事を点検し、改善点を見つけ出すことに意味がある。

●必須項目として「業務単位名」「業務内容」「頻度・件数」「所要時間」「改善についての意見」等、自分で書き出した業務をチェックして改善点を記入していく。

●特にテレワークは自分一人しかいない中での仕事なので「いったい、こんな仕事が役に立っているのだろうか」など、根本的な疑問が湧いてくる。「もっと効率の良い方法があるのではないか」「もっとシンプルにできないか」「機械化できないか」「外注に出したほうが安いのではないか」等、自問自答しながら仕事をしていたはずである。

●ここで問題になるのは非定型業務である。例として、社長室や企画室の仕事がある。出版社や放送局などは非定型業務が中心になるが、この部門こそ職務分析をしてムダをなくすことが必要になる。書きようがないという理由で拒否する社員もいるが、彼らこそ一日の業務を克明に記録することで、今まで何となく過ごしていた一日がいかにムダに満ち満ちていたかがはっきり見えてくるはずだ。

●どの手順が悪いためにどのようなロスが発生しているか、「情報の不足や集め方に問題があって時間がかかりすぎた」「最初期の基本構想が間違っていた」「トップとコミュニケーションを良くして確認しておけば混乱しなかった」などがわかるようになる。

大体この非定型業務に携わる社員は上層部かエリート社員である。この業務を的確に素早く処理できる能力が会社の生産性を上げることになるが、職務分析などは事務職の一般社員が対象だと思っている者が少なくない。改善のための実態調査は、この部門のエリート層に徹底させることから始めなければならない。

彼らの意識を打ち砕くことが成功のカギである。

3　コロナ下のタイムマネジメント

日本は生産性に劣ると言われて久しい。代表的な例は「長時間労働」だが、コロナ禍によって切実に実感できた。日本的経営の大きな課題の一つだったが、「わかっちゃいるけどやめられない」で、本格的に検討するまでには至らなかった。

タイムマネジメントとは「時間の使い方の改善によって、生産性の向上を図る」ことを言う。ここで間違ってはいけないことは、その本質は時間を管理することではなく、行動を管理することであり、与えられた時間の中で行動をどのように変え、どのように行動を管理するかを考えることである。誰もが一日二十四時間しか与えられてないので、時間そのものを長くしたり短くしたりすることはできない。したがって与えられた時間の中で成果物を増やしたり質を向上させたりすることが生産性の向上につながる。

成果物を増やすためには、成果に結びつきやすい業務に特化して、そこに集中的に時間をかけることによって生産性の向上を図る。とかく満遍なく時間の配分をして総花的に取り組みがちになるが、結局、かけた時間の割に果実は得られないものだ。一方、成果物を変えずに生産性を上げるために、投入する時間を減らすことが現実的対策となる。

一番大切なことは生み出した余力をどのように活用するかである。

コストダウンというと、与えられた節減額の目標を達成することしか頭にない会社が多い。特に非常事態では至上命令になるから、無理を承知で数字合わせをしようとする。

その結果、大きな犠牲も払ったが、どうにか目標はクリアすることができた。やれやれである。会社も相応に労をねぎらい、労使双方が満足したとする。

ほとんどの会社は、これで終わりにしている。これでは全く意味をなさないことに気が付かない。例えば今まで八時間かけてやっていた仕事を合理化して六時間でできるようになった。先の数字を例に、一日二時間、一年二百三十三日就労とすると、四百六十六時間、約二か月間も余分な時間ができた。時間当たりの人件費は総額五千円とすると、なんと年間二百三十万円にもなる。問題はここからで、空いた時間を**他のタスクに振り分けなければ単なる暇を作ったにすぎないことになる。**

とかく合理化に成功すると、その段階で満足してしまい、何のためのタイムマネジメントなのかわからなくなってしまう。特に生真面目な日本人は暇ができると暇を持て余し、罪悪感も伴ってムダな仕事を探し出し、また長時間働くようになる。分母は変わらないどころか増える場合さえあり、生産性の上がらない会社であり続けることになる。

ここでは改善のメリット分の時間を活かすために、選択と集中で配分し直すか、あるいは新しい役に立つ仕事を投入しなければならない。従来なかった成果を生み出す仕事にあてるために、その仕事に適した人材を投入しなければ意味がない。オフィスでの最大のコストダウンは、人を活かすかどうかが基本になる。その人がその人にふさわしい効果的な仕事ができるように改善していくことが原点になる。

常に人材を中心にした戦力の再配分をしていくことで会社は強くなるのだ。再配分の進め方はこうなる。

●コロナ禍は日本のデジタル化を加速させた。世界から周回遅れの状態から、やっと重い腰を上げて官民ともに取り組みだした。特にテレワークやウェブ会議は流行に乗り遅れまいとして右往左往している感がある。しかし、基本的な学習もしないまま取り入れてみても、デメリットが先行する恐れがある。今後の本格的なＩＴ・ＡＩ時代に備えて専門のスタッフが必要になる。したがって、人材の異動あるいは全社員対象の基礎教育が、現在なすべきタイムマネジメントの必須条件に位置付けられる。

●同時に従来の業務内容を見直し、成果に結びつかない仕事は、かける時間や人員を減らすか、外注に出す。場合によっては思い切ってやめてしまうことも考える。余った時間、余った人材をより有望な業務に充てることで成果は大幅に上がる。

●優先順位を決める際、当たり前のことだが、業務の実態を把握することから始める。この場合、最初から優先順位を決めようとしても時間がかかるだけなので、大分類としてABCに仕分けをし、最終的にはAの中で最も力を入れるべきタスクを選び、時間や人材を投入する。つまり「選択と集中」である。

●非常事態では時間をかけるわけにいかない。「迅速」が最大のキーワードだから、優先順位が決まったら緊急度を重点に実行順位を決める。第一分類「緊急度、重要度共に高い」、第二分類「緊急度は高いが重要度は低い」、第三分類「緊急度は低いが重要度は高い」、第四分類「緊急度・重要度共に低い」の順である。ここで見落としてはならないのが、第三の「緊急度は低いが重要度は高い」ものである。緊急を要さないだけに最優先から外れるが、重要度は変わらない。時間をおいて必ず実行しなければならないので特記事項として扱うべき項目である。鉄は熱いうちに打たなければならないので、時を移さず取り組むことを忘れてはならない。

●次に目標設定を明確にする。私は経営コンサルタントとして長くクライアントと接してきたが、どこでも「理解すること」と「実行すること」は次元が違うほど乖離していたと痛感している。理論が正しければ、それほど時間をかけなくても理解できるし、逆に長い時間をかけなければ理解できない場合は、修正することも考えられる。それでもわからなければ社長の鶴の一声で収まる。問題は実行段階である。社長はじめ社員全員がほぼ同意できき納得しても、いざ実行となると数倍のエネルギーをかけなければ達成できない。たとえ実行したとしても続かないので成果が得られない。一番の決め手は工程管理であり、「誰が」「いつまでに」「どのように」などをしっかり決めて、権限を与え責任を持たせる。

●その上で、どこまでできたのか、なぜできないのか、いつまでにするのか。徹底的にPDCAのC（チェック）とA（アクション）を追求することによって初めて成果は出る。

●今までの業務を棚卸して見直すことに意義があるが、優先順位を決めると、それだけに集中してしまい日常業務の改善がおざなりになる。特にネット社会が現実のものになったので、新しい働き方が導入されることによって日常業務そのものが生産性を上げる重要なファクターになった。未知の分野であっても、まず学習して理解すること、それも時間をかけずにマスターして正しく使いこなさなければならない。

タイムマネジメントは今まで日本の会社が真正面から対峙してこなかっただけに、会社の大小にかかわらず、簡単に成果は得られないことを肝に銘じることである。いざ実行する段階こそトップは信念をもって指揮をとらなければならない。

タイムマネジメントは社員が自らの行動を管理する手法であり、時間管理を習得することで、仕事に対して「自分はできる」という確信が持てるようになる。

直近の将来に対して不確実な要素が多いだけに、誰もが漠然とした不安感を持っている。こんな時こそ一番大切なのは社員のモチベーションであり、それには小さな成功体験を多く積んで自信を持つことしかない。

タイムマネジメントを実行すれば頭の整理ができ、今後の方向が見えてくる。その結果、積極的に取り組む社員が多くなれば再構築も早まり好循環が生まれる。

4 他人の時間を奪わない、奪われない

(1) 他人の時間を奪う人

非常事態では一秒たりともムダにできない。そんな時に他人の貴重な時間を奪ってはならないし、自身も奪われないように気を付けなければならない。

時間ほど万人に公平に配分されているものはない。分刻みで忙しい人も、退屈で時間を持て余している人も、与えられているのはみな平等に一日二十四時間である。限られた時間だ

から、忙しい人ほど大切にして有効に使う努力をする。先に述べた通り、仕事を早くすることは時間管理の第一歩である。とかく自分に与えられている二十四時間には関心があるが、他人の時間に対しては無頓着なものだ。

仕事を早くこなすことは、結果的に他人の時間も有効にしていることになる。逆に仕事が遅いことは、他人の時間を奪っていることに通じる。つまり、誰かの時間管理は他の誰かの時間に大きく影響していることに気が付く。

例としては、常に遅刻をする社員、会議に遅れる社員、話のイントロが長い上司、同じことをくどくど叱る上司、必要な資料がない会議、ムダな資料の多い会議、社長の独演会の会議、結論を出さない会議、結論が出ても実行しない会議、協調性がなく皆のモチベーションを下げる社員、課題を小出しにする管理者、良い情報を独り占めにして公開しない上司、自分に不利な情報を隠す社員など、挙げていけば際限がない。

ここでわかるのは、ほとんどの仕事は他人の仕事と関わり合いを持っていることである。したがって、自分の仕事が遅かったり、行動が遅かったり、決められたルールを守らなかったりすると、それによって業務に支障をきたし、他人の貴重な時間を奪う結果になる。

具体的な方法についてはタイムマネジメントの項で触れたので、ここでは気が付かない割に大切な点を挙げる。

(2)　常にレスポンスが遅い人

携帯電話が当たり前になった今でも、電話やメールになかなか返事が返ってこない場合がある。仕事中などで即応できない時も、できるだけ早くレスポンスすることは極めて大切なマナーである。誰が何時に電話をし、メールを送ったかは記録に残るから、知らなかったでは済まされない。急用の場合に返事が受け取れないもどかしさ、待っている間の長いこと、イライラが募りストレスが増す。一日待っても返信がなければ、自分を軽視し無視する（？）相手の人格や今後の信頼関係にまで不満と不安が及ぶ。

電話やメールはコミュニケーションツールの最たるものであるから、決しておろそかにしてはならない。あまり相手の状況など斟酌せず、とにかくレスポンスは早くすることだ。

(3)　他人から時間を奪われないためには「優しくしすぎないこと」

他人に振り回されて不幸を招くこともある。場合によっては時間を取られるだけでなく、大変な災いを招くこともある。主な原因は、あなたが他人に優しすぎることだ。優しさ自体は悪いことではないが、単に断る勇気がなかったというケースも多い。つまり毅然とした態度がとれなかった時だが、問題の大きさによっては取り返しのつかない事態にもなりかねない。

初めからややこしそうな問題の時は、自分の考えや立場をはっきり伝えておくこと、その次には「ノー」と言う勇気を持つこと。とかく断りにくい相手の場合、あいまいな言葉で対応しがちになる。相手は自分に都合良く解釈して期待を持つので、結局向こうの時間の中に取り込まれてしまう。

断りにくい相手こそ、勇気をもって断ることがその後のあなたの身を守る。自分にできることはあらかじめ開示して説明しておくことである。

他人の時間を奪う人は何でも聞いてくる習性がある。思いついたその時その時、本当に些細なことを聞いてくる。いちいち答えていたのでは時間がいくらあっても足りない。後でも触れるが、社員からの「社長、ちょっと」もそれである。自分の存在感を示したかったり、社長の耳に入れておくことで責任逃れをしたかったり、いろいろな思惑の「社長、ちょっと」がある。こんな非常時に、ムダ話に付き合う必要はない。場合によっては「自分の考えを持ってきなさい」「自分で考えなさい」と突き放すことも、自分の時間を守る意味で選択肢になる。聞く価値のない話は聞かないことも、他人に時間を奪われないコツである。そのためにはできるだけ距離を置き、必要な場合はメールで処理をする。

結局、自分の時間を大切にすることは、他人の時間を大切にすることでもある。

5「仕事が早い人」だけの評価に終わらせない

会社全体の生産性を上げるには、社員一人一人の生産性アップを積み上げるしかない。つまり社員に仕事を早く正確にしてもらうことが前提になるが、この「仕事の仕方」について正式に取り上げて教育している会社は少ない。組織改革以前に社員の日常業務の質を検証し、欠けている場合は改善させない限り会社の生産性も上がらない。

ほとんどの会社では新人は先輩から仕事の引き継ぎを受け、見様見真似で自分のものにしていく。いったん習得してしまえば、あとは自己流のペースで進められ、誰からも注意されたり改善を強いられたりすることもない。管理者も仕事の遅い社員に対して「君は時間にルーズだね」「時間は守らなければだめだよ」などと小言を言う程度でお茶を濁してしまう。いくら叱っても二度三度と繰り返すうち小言を言うのもあきらめて、「あいつは仕事ができない」とレッテルを貼り、まともな仕事を与えなくなる。以後、彼は「仕事ができない人」として扱われ、経費倒れになっていく。

そもそも生産性を上げる原動力であるヒトを活かす視点に欠けているので、これではいくら会社ぐるみで取り組んでも成果は半減してしまう。また、放っておいてもしっかりした仕事をする社員など滅多にいない。現有勢力を有効に使うために、仕事の仕方、仕事を早くする方法を教えなければならない。

仕事が遅い人はそもそも自覚のない人が多い。たとえ自覚していたとしても、どこを改善したらよいのか、どうしたら早くできるのか、その方法を知らない。仕事の見直しをさせて、「なぜ遅いのか」と原因を追及することから始めることになる。

社内にデキル人がいれば先生役になってもらい、より良い仕事の仕方を学ぶ学習会を開くと身に着きやすい。

特に働き方改革によって在宅勤務が多くなると、一人一人のタスクの領域が明確になるので仕事の早い遅いがはっきりわかるようになる。会社でなら共同作業で助け合うこともできるが、在宅では分業がより進むので、一人が遅いことで仕事が渋滞し、他人の時間まで奪ってしまう恐れがある。

この程度の基本は外部から専門家を呼ぶほどのこともなく、社内のベテランがコツを教えて忍耐強くフォローすればかなり効果は出るものだ。その結果、会社全体の生産性に寄与することは間違いない。

非常事態には回り道のように見えても、社員個人のスキルにメスを入れて「より早く仕事をする方法」を教えるのが結局は早道になる。

第9章 ペーパーレス化の目的は改革・改善

1 湯水のように使ったオフィスの紙文化

オフィスのすべての仕事は紙に関わっている。紙がなくては一歩も進まない。紙はまるで空気のような存在で、誰も関心を払わない。せいぜい会議の資料を両面印刷する程度である。それも上司から指示を受けなければ、自分で判断することはない。いったん印刷された紙はその役目を果たした後、どんなものでも捨てないで一時保管される。資料庫や個人の机の中に保管されたが最後、再び日の目を見ることはない。

当然、すべての紙は会社の経費で賄われているが、用紙代や使用頻度・目的について気にかける人はいない。その他、資料作成に要する労務費、コピー機のリース料、書庫の維持費、機密事項破棄のコストなど、数え上げるときりがない。

昭和四〇年代まで各社にはタイピストという、原稿をタイプライターで打って清書する仕事を専門にする女性社員が大勢いた。

その後、コンピューターに取って代わられたが、手書きから解放されて誰もが自由に意思を伝達できるようになったらなったで、今度は個々の社員が自ら膨大なペーパーを吐き出すようになった。

その後、ペーパーレスの動きは盛んになり、オフィスから紙をなくすことは急速に可能になりつつある。仮に紙が今までの十分の一ですむとすれば、仕事も極端に合理化されて少なくなると言える。

2 ペーパーレス化を阻んできた日本のハンコ文化

日本では、賃貸契約、口座の開設、企業間の契約、請求、見積りなど、未だに印鑑が必要なケースが残っている。ハンコの種類も多く、印鑑証明付きの実印、どこでも売っている三文判、自分用の印鑑、会社で作ってくれる特注の社印などを、その都度使い分けている。このように印鑑が重要なポジションを得た理由は、その歴史的過程をたどると理解できる。

大正一五年、民事訴訟法三二八条四一項で、「私文書は、本人またはその代理人の署名又は押印がある時は、真正に成り立つものと推定する」とされたのである。また、昭和三九年の判決ではこの推定を拡大解釈して、本人または代理人の印鑑が押印されていれば本人の意思に基づいて作成された文書であると推定されるとし、以後判例になっている。このような判例や条文があって、日本では紙とハンコを使ったビジネス・プロセスが主流を占めるようになった。

また、事後処理を可能にするため日付欄が空欄になっていたり、捨て印と称して本人に代わって間違いを正してもよい便利さもあるので、根強くハンコ文化が続いてきたものと推察する。私事であるが、銀行で捨て印を押印するよう強要された時、「捨て印は銀行が勝手に修正できることを承諾することであり、私の印鑑の意味がないではないか」と反論したことがある。このような矛盾した話は外国では通用しない。

しかし、中央官庁による重要記録の削除や破棄、売買における偽造契約書などコンプライアンス面で大きなリスクを伴うことも起きている。長い間親しんできたハンコ文化も見直す時が来ていたのである。

国でもe文書法により紙での保管を義務付けていた法的規制が撤廃され、電子化への扉が開かれたが、まだまだいくつかの条例においては書面や技術的なハードルの高い要件を課している場合もあり、すべての電子化には時間がかかると思われていた。

3　テレワークが追い風になるペーパーレス

そこへ新型コロナウイルスが襲来してきた。コロナ禍はテレワークやリモート会議を生み出し、それを追い風に電子契約が拡大して、紙文化やハンコ文化に改革を促すことになった。やがて定型的な業務はＯＡ機器が取って代わるだろう。その前に新たな働き方改革を自社なりにスムーズに導入しなければならない。この非常事態の収束までにペーパーレス化を実現することは、会社として取り組むべき課題だ。

今回の緊急事態宣言下、ハンコを押すためだけに出社しなければならないケースが話題になった。結果として社内外の文書の電子化が急がれることがはっきりした。国も法的環境の整備は進めてきたが、ハンコ文化は商習慣として根強く残っているので簡単には改まらなかった。今回こそ、新しい方法に切り替えていくことが必要になる。

4　定型的な文書の必要性とムダの排除

リモートワークやリモート会議の普及に従って、定型的な書類仕事は必然的にＯＡ化する。しかし、現在行われているオフィスの中の一枚一枚の紙の必要性の追及とムダの排除については、非常事態の今こそ必要であり、より新しい効率的な働き方改革に備えなければならない。

・伝票の複写枚数は過去の踏襲のまま変わらないが、見直しをする必要がある。
・報告書の枚数はフリーが多いが、枚数を制限すればより効果的な内容になる。

・枚数の多い報告書や高度な質のものについては、要約書を添付する。
・報告書の配布先を減らすことはできないか。確認することによっていかにムダなところへ配布していたかがわかる。
・タイミングを失していないか。すべてが終わった後に送られてくる例がある。
・会議に必要な資料は何か、もう一度総点検することによって、会議の進め方も変わってくる。
・事前に会議の資料を配布する必要はあるのか。この場合、読んでくることが前提になるので、司会者の力量によって、シビアな会議ができるようになる。
・会議の議事録はあるか（会議の進め方の項で詳細に触れる）。
・帳票類のチェックや捺印は必要か。責任と権限の問題になる。
・コピーをこんなに数多くとるのはどうしてか。
・文書の回覧は必要か。
・文書の保管が複数名でダブっていないか。
・ファイリングシステムを整理すれば、書類は三分の一になる。
・ペーパーレスの究極の目的は仕事の改善である。

このように多くのムダが発見されるが、深く追及していけば仕事そのものの改善につながることがわかる。ペーパーレスが成功すれば仕事は極端に減らすことができる。

これが「当たり前のことを当たり前にできる会社」にすることである。

ペーパーレスという「当たり前の経営」の力を知る者だけが得られる効果である。

第10章 すべては現場！　基本の基本「5S」

1 過去のものになっていた5Sの復活

5Sの歴史は古い。恐らく織物工場のころから整理・整頓・清掃という言葉は使われていたと思われる。戦後間もなく成長した産業は、繊維、鉄鋼、セメント、肥料、造船といったいわゆる重厚長大産業だった。そこでは鉄鉱石や石灰石、あるいは綿花などが主原料だから、工場が排出する廃液や粉塵による環境問題が発生し、公害をもたらす企業は存続の意義を問われた時代である。

そういう時代に、経営における最大の課題は「整理、整頓、清掃、清潔、躾」の5Sであり、これをいかに徹底させるかが業務の肝となった。

製造工場での5S運動は、職場環境の維持・改善のためのスローガンであり、社会に対する企業としての責任でもあった。したがって製造業なら5S運動は当然で、当たり前の中の当たり前のツールでさえあった。

その後、パソコンや精密機械などの軽薄短小産業の時代が来て、日本における産業の主役が交代した。ご存知の通りパソコンや精密機械の製造は工場建設の段階からホコリのない設備設計が前提条件となり、整理・整頓・清掃などは製造工程の内側に見えない形で組み込まれるようになった。

ここに5Sは当たり前のものになり、殊更「経営のツール」と呼ばれる存在ではなくなってしまった。いつの間にか5Sの言葉自体が表舞台から消えてしまったのだ。

しかし、非常事態の今、5Sはあらゆる管理の基本であり、業務再開にあたっての起点になる。また、この運動を意識してやることにより、経営への全員参加の意識も高まる。当然のことであるが、目に見える形としてはムリ・ムダ・ムラが見つけやすくなる。

5Sを忘れた会社は、仕事の原点を見失い、その経営は迷走する。基本的な手順を踏んでポイントを押さえた経営ができないので、活動がマンネリ化した場合も打開策が出せず、全員の仕事のムダにも気付かない。その結果、生産性が落ち、ミスが増え、利益が漏れるようになる。

特にクリエイティブを主軸にしている会社は、今こそ当たり前の経営の基礎である5S（整理・整頓・清掃・清潔・躾）を見直して習慣化することから始めてほしい。

2 改めて5Sの定義を知る

●整理：要るものと要らないものに区分して、要らないものは思い切って処分すること。
●整頓：要るものを使いやすい場所に置くこと。
●清掃：身の回りの物や職場をきれいに掃除して、いつでも気持ち良く使えるようにすること。
●清潔：整理・整頓・清掃を維持し、誰が見てもきれいな状態に保ち、きれいな状態でありたいという気持ちにさせること。
●躾：職場のルールや規律を守り習慣にすること。

日本電産はこれに「作法」を加えて6Sとし、東芝は「しっかり」「しつこく」を追加して7Sとし、セガ・エンタープライズは上記の東芝に更に「信頼」「スパイラルアップ」を加えて9Sとし、各社真剣に取り組んでいる。例に挙げた会社は、いずれも仕事の性質として5Sの基本を外すと成り立たないところばかりだ。

そもそも忙しい現場である。5Sに取り組むよう言っても、「そんなものに割く時間がない」「本業がおろそかになる」「子供扱いしないでくれ」など否定的な反応が返ってくるかもしれない。その時に反対派を黙らせるだけの説得力が必要になる。

そこでまず5Sの解釈である。五つの言葉をヨコ並びで扱うのではなく、「整理」「整頓」「清掃」は、PDCAサイクルのうち中核を担うD（ドゥ）であり、「清潔」は、それら3Sを常に維持するためのC（チェック）の役割を果たし、「躾」は、反省して習慣にして定着させるA（アクション）だとする。

仕事の一環であり、当たり前のこととして考えたい。つまり5Sはいつもの仕事の土台であって、特別にキャンペーンを張って取り組むようなものではない。

それにしても、以前は改革・改善の水先案内人の役割を果たす花形ツールだったが、今では最も関心の薄い存在になってしまった。当然やらなければならない中小の工場でさえ片隅に追いやられて、今では思いついた時にする程度である。

そこで改めて5Sの中身をしっかり理解しなければならない。

(1)　整理は「層別化」と「捨てる」

「整理」を表面的に捉えると、「今は忙しくてそれどころではない」「掃除のおばさんに任せておけばよい」ということになってしまう。

「整理」とは、仕事の中で必要なものか、あるいは必要ないものかを明確にすることである。つまり自分の机の中を分別することによって、自ずと今取り組んでいる仕事を振り返る動機になる。加えて言えば、そこまで掘り下げて物を見る、あるいは考えることを学ぶ場でもある。

古い情報が幅を利かせているために改革が進まないことがわかることもある。必要かどうかがはっきりすれば、ムダなものを排除することができ、的確な仕事ができるようになる。「整理」は机の中をきれいにするだけでなく、仕事の段取りや必要性をチェックし、ムダのない効率の良い仕事をするためにするのである。つまり、頭の中の整理をする訓練にもなるということである。たくさんのデータをその特徴によってグループ分けすることを層別化というが、この層別化を使って仕事の必要性を再調査し、分析・解析してみよう。

一方、資料や伝票などビジネスに使うものは最新のものが望ましい。また文具や備品は個々の所有物になっているので、ボールペンや消しゴムなどは使わないまま机の中にどんどん溜まっていく。全員がいったん会社に返して最小限の数だけ持ち、後は共有化することによって総コストを減らしていく。

よくあるパターンとして、「原価意識に徹し、コスト低減に努めよう」などと意識改革を進めていながら、社員の机の引き出しは使わない文具で一杯になっていることがある。意識改革が失敗するのは掛け声だけで終わるからだ。

(2) 整頓は「どこへ置くか」「どのように置くか」

「整頓」は、必要なものを必要な時に使えるようにきちんと置くことだが、人によっては、「整理」の延長線上で捉え、きれいに並べるだけのことと思っている場合がある。個人の家を例にとると、片付けても片付けてもムダなものはすぐ溜まるし、追いかけっこをしているにすぎない。仕事の場合、なぜ不要なものが生まれるのか、その原因はどこにあるのか、今やっている仕事もまずムダを排してから考え直してみる。

ＩＴ時代の５Ｓは、それによってペーパーレス化や可視化の発想が生まれ、業務の改革や改善にまで進展することが目的である。

このように「整頓」は整理した後、いかに見やすく使いやすく工夫するかであり、同時に仕事の棚卸をし、進行している業務に対してチェックをして軌道修正をしていく役割も果たす。特に情報の扱いでは「整理・整頓」が最も大切な業務になる。情報には古い新しいの区別や重要度によってランク付けがなされるし、情報によってコンプライアンスに関わるものや個人情報など守秘義務の発生する情報もある。もちろん特許など技術開発の情報は極秘である。

多くの会社は無意識に扱っているため、いざ事が起こると、「どこを探しても出てこない」「貴重な資料が流失した」など、取り返しのつかない状況に追い込まれることになる。

こう考えると、ＩＴ・ＡＩ時代だからこそ「整理・整頓」が必要なのだと気付く。つまり、集めた情報をどこに保管し、誰が要・不要の棚卸をし、どのように開示し、どのように共有し、どのように活用するか、すべてに関わる仕組みが5Sなのだ。

(3)　清掃は「掃除」と「汚れの出どころ対策」

「清掃」は文字通りきれいに掃除することである。そこには、汚れを防ぎ、汚れの発生源を断つ対策も含まれる。清掃活動のあるべき姿をしっかり話し合って、やり方を考える。いつ、誰が、どのように清掃をするかをまず決める。

すべて自分たちで決めて行動する。イエローハット創業者の鍵山秀三郎さんはトイレの掃除を一人で始めたそうだが、社員全員が行動するようになるのに十年かかったという話は有名だ。整理・整頓ができ、全社的に清掃が行き届いていれば完成と言える。

(4)　清潔は「標準化」と「目で見える管理」

文字通り汚れがなくきれいな状態を保つために、5Sでは整理・整頓・清掃を維持するために標準化を行う。

(5) 躾は「皆で決め」「皆で守る」、そして「継続する」

すべては当たり前のことばかりなので、いつでもできると思ってしまう。緊急を要しないだけにいつでもできると、つい軽視してしまう。結局できないまま忘れ去られてしまうが、そもそも軽視しているので、反省もしない。一方的にルールを決めてしまうのではなく、守れない理由を追求し、あるいは守りやすいルール作りをしなければならない。当たり前のことして定着するまで実行するほかない。

3 進め方は基本を大切に

(1) 目標の設定

目標には主に「行動」と「結果」の二つの着目点があるが、行動の場合は時間の設定であり、実施の回数などが重要視され、常に「やったか」「できたか」が目標になる。また結果の追求であれば作業時間や売り上げが挙げられるが、経営者はあくまでも結果であるから、「どのように変わったのか」がカギになる。

特に出版業やＩＴ・ＡＩなどのクリエイティブな事業は社員間の交流が少ない職場が多い。この５Ｓ活動をすることによって同じ職場であることの認識が強くなり、情報の共有ができるようになることを目標にしたい。

(2) 価値観を共有して定義を決める

一般に整理と言えば、必要のないものまでそのままにして、きれいに片づけることを指す。しかし5Sの整理の場合は必要なものと不必要なものを区別することから始める。必要か必要でないかを決める定義は、なぜ必要なのか、あるいは本当に必要なのかを見極めるところまで行く。それはモノだけでなく、プロセスも対象になり、大した理由もないのに昔からやっているからとか、習慣なのでという行動は意外に多い。このような場合、関係者一同が価値観を共有して「定義」を決めていくことを目標にする。

(3) 最も大切なチェックシート

何度も言うが、「当たり前の経営」は継続が最も難しい。何事も良いことであれば簡単に始めることができるが、成果を上げるまで続くかどうかにかかっている。たいていは途中で難破して藻屑と消えてしまうことになる。

5Sに欠かせないのがチェックシートだ。チェックシートは誰が見てもわかるものを作成することで、活動状況を高いレベルで共有することができる。数字で表せるものは簡単だが、表せないもの、例えば汚れ等についてはばらつきが出るので、全員一緒に確認する機会や具体的な標識を設けるなどの措置をとる。

4　非常事態の5Sはゲーム感覚を取り入れると徹底する

以前、サービス工場を持った自動車の代理店のコンサルティングを依頼されたことがある。品質向上のために工具・器具等の備品を整理・整頓・清掃することは必須であり、そのためにも典型的な5Sの習得が求められた。

早速、各工場を巡回すると見事に5Sすべてが落第点だった。取り組みを始めた後も各社員の対応はお座なりで、適当に流している状態が続いた。皆、やらなければいけないことはわかっているのだが、それだけに誰かがするだろうと決め込んでいる。説教や命令ではその場限りに終わるので、やらざるを得ない仕組みを作ることにした。

5Sは一人ではできないので、チームワークと競争心がキーワードである。チームで取り組む時はゲーム感覚を取り入れて競わせると、普段おとなしい社員たちでも必ず他チームには負けたくないという気持ちが本能的に湧いてくるものだ。この競争心を利用して支店ごとにチームを作り担当制を敷き、共通のチェックシートを作って点数で評価することにした。合わせて、工場だけではなく事務部門においても、整理・整頓を中心に文具の棚卸から仕事の改革に至る数項目を作り、同じように点数制にして評価をすることにした。

一か月ごとに締めて順位を発表し、半年に一度は半期の合計を出して大会を開く。そこで工場部門と事務部門ごとに順位を決めて金一封を贈った。その額も思い切って一泊旅行ができる程度の高額にし、使途は自由にした。一か月目から関心を呼び、三か月もたつと競争心が起こり順位が入れ替わるようになった。大会は大いに盛り上がり、下位の支店は来期こそ頑張ろうと誓い合うところも出てきた。定着するのは時間の問題であり、習慣化、つまり「躾」は成功した。

子供だましのように思われるだろうが、これもコロンブスの卵であり、ゲームに仕立てたことが成功につながった例である。今回のような非常事態には、迅速と実行がキーワードになる。特に生産現場の原動力は皆で協働して事に当たることが何より重要だ。ゲーム感覚を取り入れたことは、モチベーションを上げチームワークを取り戻すために効果的な方法である。説教から入ると、九九％三日坊主で終わってしまうだろう。

5Sのポイント

一　5Sはモノや環境というハードだけでなく、思考というソフトの部分も改善してくれるので、あとは実行する価値を見出だすか否かである。挨拶も5Sも社員の品性と会社の品格を表すバロメーターであり、すべての管理改善活動のベースであり、また、管理レベルを判定する物差しでもある。そして、社員の自立心と自主性の向上を図っていくことを最大の目的とする。5Sは一人ではできないので、良好なチームワークづくりをすることによって、社長のもとに団結して仕事や改善活動ができる職場にする。ゲーム感覚を取り入れ、工場ごとに点数法で競わせると簡単に浸透する。

二　仕事の中のムリ、ムラ、ムダは生産性を下げるので、5Sを活用して、標準化、見える化を進める。

「整理」は価値の高い仕事と低い仕事あるいはムダな仕事を区別する。

「整頓」は仕事の偏りや滞りをなくしてムリやムダを減らす。

「清掃」は仕事がしやすい環境を作る。

「清潔」は汚れがなくきれいさを維持するために標準化する。

「躾」は継続して習慣にする。

第11章 IT・AI時代も「ホウレンソウ」が基本

1 良好なコミュニケーションがIT活用の決め手になる

会社の大小にかかわらず、どこでもこんな場面が見られる。

「なぜもっと早く報告しなかったのか！」「なぜ君はこんな大事な連絡を忘れたのか？」「なぜもっと早く相談してくれなかったのですか」

頭には必ず「なぜ？」と「もっと早く」が付く。

その言葉の裏には、「もっと早く報告してくれたら、こんなことにならなかったのに」「忘れずに連絡してくれたら、大事な顧客を失わなくても済んだのに」「もっと早く相談してくれれば、良いコネクションがあったのに」といった取り返しのつかない損失への嘆きや、大きなチャンスを逸したことに対する怒りがある。すべては後の祭りである。

今ごろになって「これからは情報の勝負になる」「データの蓄積が勝敗を決める」などと騒いでいるが、会社内の報告・連絡・相談は、そもそもすべて「情報」である。会議も、クレーム等の危機管理も、その核になるものは情報なのだ。本書の全二十一章の内容も大半は情報に関連している。

日常業務の目的は情報の収集であり、集めた情報の開示であり共有である。その情報を使いこなして利益に結び付けることが仕事であるのに、情報の持つ真の力を認識しないがために、実にムダな時間を費やしている。**日本の生産性が上がらないのは、「情報」に対する正しい認識が不足しているためである。**

会議のほとんどがムダな時間になっている理由は、それが情報の共有作業であることに気が付かないからである。そのため的外れな議論が繰り返され、意見を問われているのに「特にありません」などととんでもない答えがまかり通る。

本来ならこのような者に会議参加の資格はない。司会者は即刻退場を命じる権限を行使すべきだが、司会者自身に情報共有の認識がないので平気で容認しているのが現実だ。また、日報の目的などは情報を集めること以外の何物でもないのに、ほとんどの会社ではアリバイづくりやアリバイ崩しにエネルギーを費やしている。

今まで無意識だった会議や日報やホウレンソウを、情報の観点からその目的を検証すれば、「そうだったのか！」と目から鱗が落ちて、質量ともに生産性は格段に上がるはずだ。

日本が情報産業で出遅れたのは、島国や同一民族という固有の環境から、情報に価値を見出だせなかったことが理由ではないだろうか。

すべての業務はＰ（計画）Ｄ（実行）Ｃ（評価）Ａ（改善）で成り立っているが、ホウレンソウはＰやＤそれぞれの中にもあるし、次の段階への移行過程にも存在する。ホウレンソウなくしてＰＤＣＡを回すことはできない。人間の体の中に流れる血液と同じ役目を果たしているのだ。

私の「当たり前の経営」は、挨拶も、５Ｓも、会議の進め方も、二十分ミーティングも、効果的な日報の使い方も、クレーム処理も、すべては報告・連絡・相談で成り立っている。今後テレワークが定着すればますますホウレンソウの重要度は増す。ホウレンソウができなければ「当たり前の経営」はできないし、逆にそれぞれの課題がクリアできたならホウレンソウがうまくいっている証拠だ。

2　日報は「情報を得る」ための最強のツール

(1)　役に立たない形骸化した日報

日報はホウレンソウのための大切なツールである。どこの会社でも営業マンに日報を書かせるが、有効に活用しているところは少ない。使い方によって大いに役立つのだが、本当の目的がわかっていないためにほとんど形骸化している。

日報を書かせる理由の大半は、営業マンの一日の動向を知りたいためである。大半の営業マンは外回りのため、朝出たら夕方まで帰ってこなかったり、直接お客のところへ出向いたり、行ったきり帰ってこなかったりする。職種によっては一週間不在が続いたり、海外出張まで含まれる。つまり事務職と違って断続的な業務だから、その日の活動報告をしてもらわないと、管理者は部下の行動を把握できない。

そこで報告する側の書き方としては、「何の目的で」「どこへ行き」「誰と会って」「何をして」「その結果はこうで」「入手した情報はこれこれ」といった形で書くとわかりやすい。少し工夫をして、あらかじめ定型のエクセル・ファイルなどを用意すると報告する側も受ける側もわかりやすい。以前は営業マンが私物の紙のノートを使っていたり、報告の内容も各人各様で本人の理解を超えることがないケースも多かった。道具はＩＴに変わっても、ダメな日報の典型は、「営業マン個人の行動を知るための日報」だ。

「○○君、まだ日報が出てないぞ。昨日は何をしていたんだ？」と上司が聞けば、それは「一日中会社にいなかったが、君は本当に仕事をしていたのか？」といった疑心の表れなのだ。提出する営業マンもいかに仕事をしているかをアピールするのが目的になり、できるだけ信憑性のある訪問先を挙げたり、時にはパチンコをやっていた間の空白時間を架空の得意先名を書いて誤魔化したりする。**「特記事項なし」**の羅列もありがちなパターンだ。

上司はチラッと会社名を眺めるだけで、それ以上追及もしないが、「本当に行っているのか?」という彼の疑惑が消えることはない。たまに「○○社長は元気だったか？　相変わらずゴルフをしているのかなぁ」と質問したりするが、訪問の真偽を知りたいだけで、肝心の「こんな車が欲しい」などの情報を聞き出すことは二の次になってしまう。これが毎日続くのだから営業の生産性が上がらないのも当然だ。効用があるとすればたった一つ、怠け癖のついた営業マンに対する幾分かの心理的な歯止めにはなっている。

(2)　アリバイ作りの日報から情報収集の日報に変える

まず、日報本来の目的は「結果の報告」と「情報の収集」であり、決して個人の行動を監視するためのものでないことを徹底的に理解させることから始めなければならない。売り上げを上げるための情報を知りたいのだと理解すれば、自ずと彼らの訪問の仕方も変わってくる。

会社が日報のフォーマットを用意し、営業マンが頭をひねる余地をなくそう。形から入って訓練するほうが早く効果が出る。教育によって彼らの能力を上げようとするのではなく、情報収集に集中できるように仕向けることだ。

とにかく「特記事項なし」は厳禁にする。先方が不在の時もそのまま帰らず、誰かに声をかけ、どんな情報でもよいから集める努力をさせる。一見関係なさそうな女子事務員が大事な情報を持っている場合もあるし、そのほうがかえって聞き出しやすいこともある。

些細なことでも情報を拾って日報に上げてくれたら、ケチをつけずに彼らとのコミュニケーションのきっかけにすればいい。

3　非常事態に欠かせない「相談力」

(1)　相談力を上手に活かして使う

長く続いた安倍内閣の特色は、諮問会議や専門家のブレーンを使いまくったことにある。日本では今までなかったことだが、安倍内閣は経済政策に関してイェール大学の浜田宏一名誉教授をブレーンにして始まった。つい最近でも消費税増税の決定に際し、ノーベル賞受賞の経済学者を諮問会議のメンバーに入れていた。歴代の内閣にはなかったことである。

最優秀の高級官僚がいるにもかかわらず、民間の学者や経済人、有識者を使って戦略を立てている。時代が、単に頭の良い人材だけでは通用しないところに来ているのだろう。そしてもう一つ、これは伝える技術でもあるが、権威のある人を連れてくることによって、自分の政策を正当化するという効果もある。卑近な例だが、同じことを言っても社長の話は説教として受け取られるが、コンサルタントが話すとありがたく拝聴してくれるのと同じだ。

実力のある社長は、言いにくいことをコンサルタントに代弁させることが多い。社長の器や力量を測るポイントは様々あるが、非常事態では「相談力」が筆頭に上げられる。この力なくして非常事態は乗り切れない。自社だけ立ち直っても原状回復にならない未曾有の事態では、社長は心身ともにエネルギーを消耗する。「相談力」を発揮して周りの人に働いてもらおう。

(2) 相談力は社長の力量――五合枡に一升は入らない

従業員が五十人程度までなら社長一人でも十分やれるが、それ以上になると手が回らなくなるので、相談相手やアドバイザーが必要になる。私の経験では、社長の力量がない人は相談相手を持っていない。と言うよりも、そもそも相談するだけの問題意識がない人が多い。つまり相談する器がないのである。したがって組織を使いこなす力はない。

この人たちに共通の特性として、第一に己の力を客観的に把握していないことが挙げられる。自分の強さと弱さを知らないのだ。なんでも自分でできると錯覚するお人好しか、逆に劣等感が強すぎて人に相談することができない哀れな人もいる。

プライドの異常に高い人の中には、相談すると自分の沽券に関わると誤解している人も多い。これなどはコンプレックスの裏返しであるが、自分ではわからないだけに悲劇である。

五合枡には一升の酒は入らない。会社は社長の力量以上には伸びないのである。

第二の特性としては、「知恵の力」を知らないことである。だから当然、相談相手など必要としない。自分の経験だけが頼りだから誰にも相談しない。相談しないから自分の力量以上に大きくならない。

ギリシャの哲学者ソクラテスは、ある時、デルフォイのアポロン神殿で「ソクラテスにまさる知恵者はいない」というご神託を受ける。彼は、本当に自分は知恵者なのかを確かめるために次々と賢者に会う。そしてたどりついた真理は、「自分は何も知らないことを知っている」ことだった。つまりこれを「無知の知」と言う。

彼の思想の出発点になった「デルフォイの神託」だが、このアポロン神殿の入口には「汝、自身を知れ」と言う標語が飾られており、彼はこの言葉を終生大切にした。

零細企業から始めて中小企業、大企業と会社を大きくしていく経営者は、運の強さもあるが、その時々で良きアドバイザーや相談相手を大事にしている。

昔の中国大陸の話だが、始皇帝の秦が滅んだのち、二人の英傑である劉邦と項羽は天下を二分して争ったが、常に負けていた劉邦が最後は勝って天下を取った。彼はこんなことを言っている。

「私の部下には三人の傑物がいるが、この三人は一つひとつの能力を比べると、はるかに私より優れているが、その傑物を使いこなすことが出来た。一方項羽は一人の傑物がついていたが、彼はこのひとりすら使いこなせなかった。これがわしの餌食になった理由である」と。（守屋洋『中国古典の人間学』）

つまり、知恵のある人を使いこなす知恵がないと、回り道をするだけでなかなか目的を達成できない。

さて、改めて相談相手を探すとなると、これがなかなか見つからないものだ。良い人に巡り合うためには、日ごろから「昨日よりも今日」という上昇志向を持つことが決め手になる。当然そのような人は常に頭の中に問題意識を持っているので、あらゆる問題に対して「なぜだ？」「どうしたらよいか？」という一対のフレーズを持ち続けている。すると、良い人が通り過ぎた時に、素早くキャッチすべくテレパシーが作動する。

それは友人であったり、飲み仲間であったり、同業者であったりする。同業者の場合は「餅は餅屋」で一番の教師になるが、反面ライバルでもあるから、相手が隆盛していると一歩踏み込めない。ここを乗り越えて近づくことによって、意外に彼は胸襟を開いてかなりの極意を教えてくれる場合がある。懐に入ってくる者は可愛いのである。

同業者と付き合う場合、とかく安易な相手を選びがちだが、本当にためになる情報は業界で上位を占める実力者が持っている。同業者だけに苦手意識が働いて敬遠する人も多いが、それではいけない。「情報の力」を知り、迷わず相手の懐に飛び込もう。

(3) 非常事態だからこそ社員と膝詰めの相談が力を出す

社長は「うちの役員は何を考えているのかわからない」と批判し、役員は「うちの社長は我々を少しも理解しない」と嘆く。どこでも見られる光景で、その原因はもちろんコミュニケーション不足である。

その通りなのだが、お互いに一歩踏み込む努力をしないことが最大の問題なのだ。「どうしたらわかり合えるか」の「どうしたら」について真剣に考えて行動しないから、永遠に平行線をたどることになる。

答えは一つ、わかってもらう努力を惜しまないことだ。すると相手も察して呼応してくるものなのだ。平常時であれば、ブツブツ言っているだけで済むかもしれないが、非常時には腹を割った話し合いが避けて通れない。むしろこの機に社長のほうから呼びかけ、大きな度量で復興のビジョンを語らなくてはいけない。「雨降って地固まる」で、日ごろの行き違いが一挙に縮まるチャンスでもある。

あるクライアントでの例だが、私を大変信頼してくれ副社長というラインになって仕事をしたことがあった。社長と私は毎朝必ず二人でミーティングをして、昨日あったことを徹底的に話し合った。その場でなんでも即決即断してしまうので、経営にスピードがついて、メリハリのあるものになった。スピード経営の良さは、正しい判断ができる確率が高いことである。時間をかけたからといって必ずしも良い結論が得られるとは限らない。対応が早ければ仮に失敗しても大きな損失も出さずにリカバーができる。

また、コミュニケーションを密にとれば、大抵の障害は乗り越えることができ、自然に信頼が生まれ情報共有も容易になる。情報共有ができれば戦略と行動が伴うようになるので、目標以上の利益を出すこともできる。

「相談する力」を持つということは、裏を返せば「聞く度量」があるとも言える。「聞くは一時の恥、聞かぬは末代の恥」というが、力のない人はなかなか聞けないものだ。大事なことは十分わかっていても感情が入ると、なかなか思うようには行かない。

「当たり前の経営」なら、勇気を持って相談し、忍耐強く聞く耳を持つ努力をしなければならない。それが社長としての責務でもある。

第12章 ムダのない会議にするためのヒント

1　決めたことを実行して初めて会議は成功する

コロナ禍でかえって会議が増えたという会社もあるかもしれない（リモートなど）。実のある対話や結論がなければ、そもそも会議ほどムダなものはない。会議をしている間、参加者の生産性はゼロだということを認識することから始めたい。

古人曰く「会して議せず、議して決せず、決して行わず、行ってその責を取らず」この言葉ほど的を射た言葉はない。ほとんどの会社に当てはまるのではないだろうか。本章では、会議のあり方について考えてみたい。

ムダな会議とは、目的がわからない会議、時間を守らない会議、誰かの独演会の会議、怒号飛び交う空騒ぎの会議、「特にありません」がまかり通る会議、前回の決定事項のチェックをしない会議、準備をしなくても平気な会議、思い付きの意見が通ってしまう会議、責任を分散したいだけの会議、参加者がメモもとらない会議、何を決めたのかわからない会議、資料を作って満足する会議、お互いに面子を傷つけない会議等々、挙げればきりがない。

一番悪いのは、会議で決定したことを実行しないことである。言い換えると、決めたことを実行したかどうか検証をしないまま新しい議題に入ってしまう会議である。「あんなに侃々諤々の討議をして決めたのに、あれは何だったんだ」と虚しい思いをした経験があると思う。

会議は決定の場であり、決定したことを実行して初めてその会議は成立したことになる。したがって実行の伴わない会議はムダの最たるもので、やる価値のない会議である。会議で大切なことは二つあり、**その一つは実のある議論をして決定することであり、もう一つは前回決まったことを実行したか否かをチェックすることである。できていない場合は原因を追及し、いつまでに誰がするのかを決めることによって会議は活きてくる。**

このような会議にするために「当たり前の会議」のルールを作り、徹底して守らなければならない。会議は、決めたことを実行しない場合、出席しにくい場でなければならない。下を向いてスマホいじりに勤しむだけの場なら、なしにしたほうがいい。

2 会議の基本を身に着ければ自然に実のある結果が出る

(1) 本題に入る前に必ずやるべきこと

●司会者と書記を決める。特に司会者の場合、参加者全員が持ち回りですることが望ましいが、少なくとも係長クラスまでは該当者にしたい。会議を仕切る司会の役は、幹部教育の最も効果的な教材になるからである。

●書記は書き方を統一して誰が引き継いでもわかる内容にする。例えば、すべての発言を報告と連絡と課題に分ける。それぞれの発言の頭に、報告の場合はホ、連絡の場合はレ、課題の場合はカと記号を付ける。課題のカのついた発言は次回までの宿題だから、何をいつまでに誰がどのようにするのかを明記する。

●重要な会議の場合、テーマを事前に知らせる。必要な資料を作成して配布しておく。

(2) 今日の会議にかかるコストを知れば緊張した会議になる

●会議の冒頭、緊張感を持たせる（第8章の1で示したボードを置く）

「本日の会議は七名で三時間の会議です。ここでの一時間は三五〇〇〇円であり、一分当たり五八一円です。本日は三時間の会議なので会議のコストは一〇五〇〇〇円です。売上高利益率が一〇％なので、売り上げに換算すれば約一〇〇万円に当たります。
逆に言えば一〇〇万円の売り上げが生み出す利益を、たった七人が三時間で費やしてしまいます。実のある会議にしましょう」

先に説明した通り、会議には巨額の経費がかかるが、誰一人そのコストについて考える者がいない。せいぜい「貴重な時間なので実のある会議にしましょう」ぐらいが関の山だ。「実のある会議」と言われても他人事にしか思えない理由は、具体性に欠けていて誰も反対する理由がないからである。

ところが、この会議には十万円もかかっていて、その経費を捻出するには百万円も売らなければならないことがわかれば、嫌でも緊張せざるを得ない。非常時の経営は時間との勝負であるから精神訓話を言っている暇などないので、心にグサリと来る呼び掛けをしなければならない。

次に時間である。会議と言えばどんな小さな議題でも朝一番にいったん会議室に入ると午前中出てこない場合が多い。内容のいかんを問わずどんなに時間をかけても大義名分は立つので、悪くすると憩いの場であったりする。

こういう笑えない話がある。某企業がカード型センサーで会議の模様を検証すると、一時間の会議で三割、二時間だと六割の参加者がメールなどの「内職」をしていたことがわかった。会話量やメールのやり取り、位置情報から社員の行動パターンを割り出すと、本気で会議をする気がないことがわかった。以来、「会議は原則三十分」に変えたら、若手の発言が目立って増えたそうである。

だらだら続く会議ほど実のない会議はない。緊迫感のある会議にするためには時間の管理が必要になる。司会役が若手の場合などは、時間切れを理由にベテランの議論を打ち切るのも難しい。

私が実際にある会社で実行した方法だが、タイムスイッチを使って時間が来たら消灯するようにした。このやり方を続けるうち、四回目の会議では灯りが消える前に議論をまとめることができるようになった。

理屈ではわかっていても、実行することは次元が違うのだ。せざるを得ない仕組みや仕掛けをつくり、真っ暗闇の中に放り込んで話ができないようにすれば、嫌でも実行するようになる。「当たり前の経営」は体感してはじめて理解できるようになる。

●テーマによって事前に討議の時間を決めておく。

●司会者は前回の会議の課題を表す記号「カ」から取り上げる。結果の報告をさせ、進捗状況を質し、未達の場合にはいつまでにするのかを明確にする。達成した場合は「カ」に×印をして完了とする。達成するまで「カ」は残るので、消えるまで毎回追及する。したがって必ず何らかの回答は出る。

●社長や幹部の独演会にならないようにしたい。ベテラン社員たちにも「当たり前の経営」を自覚してもらうほかないが、司会者には会議をリードする権限を最大限に与え、行使を促す。そのことが明日の経営幹部を育てることにもつながるだろう。

●発言はとかく声の大きな人に偏るが、なるべく多くの人に発言の機会を与える。

●会議の最も大切な要点は締めである。今回残った宿題を対応方法含め再確認し、本日の決定事項をまとめ、次回のテーマを伝える。つまり次につながる会議にすれば成果は自ずと出る。

会議はここを押さえる

一　新しい議題の前に必ず前回の課題から入る。「やったか、やったか」のチェックをし、できない場合はその原因と対策を明示させ、いつまでにやるか、しっかり約束させる。決して前回の会議を「ご破算で願いましては」にしない。そのために会議の基本である司会者と書記を決め、ルールに従って進める習慣をつける。

二　メールは厳禁、緊張感を持続させるために、本日の会議のコストを明示してから始め、会議の内容によって終了時間を決めて守る。短時間のほうが質の良い会議ができる。

3　いつでも、どこでも、誰とでもできるリモート会議

(1)　大きなコストの削減と情報の共有

言うまでもなく会議は、会社のあらゆる意思決定や社員間の意思疎通、情報の共有化、一丸体制づくりなど、会社を支える根幹をなしているとさえ言える。にもかかわらず、日ごろ会議のあり方など掘り下げて見直す会社は少ない。会議の成否が利益に直結する場合もあると心得て、しっかり取り組もう。

新型コロナウイルスによってテレワークがクローズアップされ、それに伴って会議のあり方にも注目が集まるようになった。まず音声チャットから始まって、少人数ではウェブ会議、複数拠点のコミュニケーションではテレビ会議などが生まれた。メリットもデメリットもある新たなツールだが、思った以上に有効であるという感想が多いのではないか。

ムダの削減という面から見ると、明らかにメリットは多い。詳細は前章で述べたので端折るが、大変なコストがかかっている上に内容が悪ければ損失は計り知れない。会議資料を配布するだけでも膨大な労力と費用が費やされる。世界に拠点を持つ会社になればその費用は年間億単位であろうか。この機会に会議のコストが真剣に取り上げられ、大きな変化を迫られることは間違いない。

また質の面でも、今までの会議は全員が顔を合わせるので、場の空気を読んで意見を変えたり、上司の顔色を見ながら忖度する場面があったが、表情や呼吸までは読みづらいテレビ会議やウェブ会議ではかえって自己主張がしやすくなる。それだけに会議に臨む前にテーマをしっかり咀嚼して自分の意見に責任を持って発言しなければならない。

問題はデメリットだが、一対一の対面会議になると、上下関係や置かれた組織上の権限や責任に関係なく自分の考えに固執するようになる。このようなフラットな関係になれば自由な意見が出しやすい反面、収拾がつかなくなる恐れもある。したがってキーマンは司会者であり、進行役の力量によって会議の成果が左右される。意見の最大公約数を見極め、適切な結論を導くことが求められる。

これからも一部の重要案件、複雑な事案、あるいは全体会議等は従来の会議形式で行い、少人数の会議や報告・連絡・相談といった通常業務に近い場合はウェブ会議を活用するような使い分けも必要だろう。

(2) 隠れていた創造力を活かすリモート会議

リモート会議を体験した人なら感じたのではないか。どうしても正面を向いての話し合いになるので、若手も気兼ねなく自分の意見を話してくれる。リアルの会議室では誤魔化しがきくのか、うっかりすると一言も発言しないまま終わる参加者もいる。ところがモニターに真っすぐ向き合う場合、自分の考えを言わざるを得ないので相応の用意をして臨む。また上下関係など立場を忖度しないで済むので自由にモノが言える利点がある。社長からすると、社員の中には意外にしっかりした意見を持っている者もいるし、斬新なアイデアも出るのでびっくりした、などという発見の機会でもある。

若手が変わったアイデアを出しても、評価する側のベテランの価値観が貧困だと、「経験不足」の一言のもとに抹殺してしまいがちだ。このようなことが重なれば、彼は二度と口を開かなくなる。

ある実験では、権威主義を取り除くと人間は創造的になるという結果が出ている。すべてにおいて再構築しなければならない今、なすべきことは過去の権威主義を取り除き、少しくらい異端の考えが出ても受け入れて、自由な発言を良しとする雰囲気を作ってやることである。

創造力のある社員や積極的に提案する社員に対して、きちんと評価し人事政策に反映するシステムを作らなければならない。過去の踏襲から抜け出して、斬新なアイデアが出て会社を救うのもこんな時である。変えられるチャンスを逃してはならないし、社長自らが変わる時である。

第13章　コロナ禍の思わぬ副産物

1　テレワークは社会を激変させるインパクト

コロナ禍によって、最も注目を浴びた経営用語は、在宅勤務、テレワーク、電話会議、ビデオ会議、ウェブ会議、オンラインなどであった。テレワークは時間や場所を選ばない働き方と言える（テレワークと在宅勤務を混同しがちだが、在宅勤務はテレワークの一種として理解する。したがってここでは在宅勤務もテレワークも同義語として使用する）。

今回、一番大きな社会変化として情報通信技術を活用して自宅で仕事を行う「テレワーク」の導入が進んだ。ＮＴＴデータが二〇二〇年四月二〇日に発表した調査結果（一一五八人対象）によると、一月時点でリモートワークに取り組んでいた企業は一八・四％だったが、四月時点では四割に上り、規模別では一〇〇〇人以上の企業で六二％が開始している。

総務省の定義では、「テレワークとは、ＩＣＴ（情報通信技術）を利用し、時間や場所を有効に活用できる柔軟な働き方」とある。新型コロナウイルスの影響で業種を問わず加速度をつけて一気に進むだろう。

これからの日本人は、天災や疫病、対外的な緊張関係などで、非常事態や緊急措置を取らざるを得ない局面に度々向き合うようになるのかもしれない。その折に情報通信の技術は不可欠となり、より早く、より大量の情報容量も要求されるようになる。

もちろんセキュリティの確保は必須で、何しろ仕事場はオフィスではなく、無防備な一般家庭の居間や寝室だ。悪意を持ったウイルスの侵入や端末記録媒体の紛失、盗難、盗聴などの脅威に晒されやすい。スムーズに行うためには、「高速・大容量」「多数端末との接続」「低遅延」の三つの特徴を持つ5Gの普及が求められている。

(1) まさに働き方が変わる

① 優秀な人材の確保ができる

人口減少に比例して、ますます優秀な人材を確保することは難しくなる。テレワークによって国内だけでなく海外からも簡単に人材を探し出すことができる。私が初めてテレワークの実例を知ったのは今から二十五年近く前だった。そのころセメント会社の営業をしていたので、建設会社が顧客だった。

設計の世界ではＣＡＤによってパソコンで行われるようになっていた。それも、マレーシアやフィリピンの優秀な人材が自国内に居ながらＣＡＤで設計図を作っていた。すべてのやり取りにはインターネットが使われ、瞬時に訂正や書き直しなどができるので仕事には全く支障がないと聞いた。もちろんコストは日本の建築技師の十分の一ですむという。そのころの私はテレワークなどという言葉を知らなかったが、今思うと二十年前にすでに建築業界では実用化されていたのである。

従来なら育児や介護のために辞めざるを得なかった優秀な人材もテレワークによって確保することができる。また副業の規制緩和によって、在籍したまま他社の社員として在宅で仕事をすることも可能になる。あるいはフリーランスが増えるので、在籍しないまま専門的な仕事でも任せることができる。

②　社員の心の健康につながる

職場では相応のスキルを持った社員でも、人間関係のストレスやパワハラに耐えられず辞めていく人が少なからずいる。会社として対応しきれず、みすみす人材を失うケースだ。長い間大きなコストをかけて育ててきたのに、途中で辞められては大変な損失である。

このような人たちもテレワークでストレスから解放されれば、心身ともに健康に仕事が続けられるだろう。本人はもとより会社も国も、三方にメリットがある。

③　コストの大幅な削減につながる

在宅勤務が定着すれば広いオフィスは必要なくなる。例えば業種によって全従業員が出社する必要のない会社は、全社員数が二百名として、オフィスには十五名もいればすむかもしれない。もちろん、その分だけ通勤手当、事務用品や備品の代金、賃借料、光熱費、会議等の会場費が不要になり、コストは大幅に下がる。

④　今後の大災害・大事故等の緊急時も業務継続が可能になる

外圧によってしか変われない日本人も、今回の新型コロナウイルスによって、危機管理の重要性は認識できた。テレワークが身近になったので、急速に在宅勤務が増える。法的にも変えなければならない問題がわかってきたが、例えば労災などの場合、労働時間とそうでない時間が混同されるので、どのような時に適用されるのかといった労働問題も整備されなければならない。

⑤　主体性を持たなければ生きていけない時代が来る

今まで特に日本人は群れを好み組織の中で支えられて生きてきた。そこでは多少弱者であっても人間関係で何とか処理してきた。

今回、半強制的に在宅勤務を強いられたことで、今まで見えなかったものが見えてきた。すべて自由の中に放り込まれたら、何もかも自分でしなければならないことが前提になる。

以前、あるクライアント社で電子日報のシステムを開発したことがある。訪問営業の場合、営業マンは常に上司から訪問を強要されるが、それを自主的に行かざるを得ないシステムにして管理したのである。

営業マンがスマホで管理される仕組みだが、結果は意外にも好評で、訪問回数も二倍に増えた。まず他人に指図されるのではなく、本人が目的をもって訪問するので、単なる挨拶回りで終わるような訪問をしなくなった。そのため訪問の質が格段に上がり、売上増に結び付いてシェアを上げることができた。

成功の一番の理由は営業マンに自主性が芽生えたことにある。つまり以前なら上司の怒鳴り声から始まった訪問が、スマホによって自らの意志で訪問先を決め、アウトプットされた顧客のデータを読み、問題点を把握してから始まるようになる。終われば訪問記録をスマホにインプットすることによって即座に関係部署のインターネットにつながり、情報が瞬時に共有できる。この一連の流れにより、自ら考えて行動して結果を出していくことでモチベーションが上がったのだ。

ＩＴやＡＩは決して人間を管理するだけのものではなく、これを使いこなすことによって人間の尊厳でもある主体性が上がるのだ。つまり在宅勤務では、自分の守備範囲が明確になると同時に自分の主体性を持たなければ仕事ができない。そこに喜びを見出だすか、孤独のためにやる気をなくすかの大きな違いが出る。

したがって、強い精神力を持っている人や環境の変化に対応できる人、お一人様が好きな人、群れない人、干渉されるのが嫌いな人、几帳面で責任感の強い人などにとってはメリットがある。逆の性格の人は耐えられないし、会社にとってもデメリットになる。

(2) 日本を変えるインパクト

① 労災の基準やその他の法改正が必要になる

新型コロナウイルスは労働災害でも医療の面でも、かつて経験したことのない想定外のことだったので、法的不備が至るところに見られた。したがって自由に使えることもある。今後の法改正等、行政の対応を注視していく必要がある。

② 個人のプライバシーと管理

在宅勤務では公私の区別が付きづらい。特に家庭を持っていると、家事や育児と仕事の境界線もあいまいで、自己管理ができる人でなければモチベーションが落ちる。

自己管理ができる人はたいてい管理職で、在宅勤務に適した仕事の多い一般事務職の人には難しいという皮肉な現象が起きる。今回も、「いつかは収束する」「だからテレワークが自分の仕事に適しているかどうかは後にして、ともかくやれることはやろう」という時間的な目標があったから耐えられたが、「未来永劫、これが私の仕事だ」となると継続できないだろう。

人間は誰とも接触しないで、気兼ねする相手がいない状態で、どこまで働くことができるだろうか。会社としても、社員とコミュニケーションをとるためにツールが必要になるし、営業などの場合はGPSを使った位置情報で追跡できるシステムが当たり前になる。

どこまでプライバシーなのか、境界線がないだけに個人情報保護の観点からも問題が発生しそうだ。

③　在宅勤務による個人の設備投資

今までなら家で仕事をする職業は限られていて、典型的なものとして小説家や画家などアートの世界だった。特に売れっ子の小説家などは家にいると集中できないので、温泉宿の一室に籠って執筆したなどということは知られている。

常駐先が自宅となれば、各種機材や個室も欲しくなるが、快適に仕事に集中するためにはそれだけの広さが必要だ。狭くて家庭内オフィスができない家はどうするのか。

④　コミュニケーションが希薄になる

人間にとって最も大切なコミュニケーションを取り上げられたら、独房に入れられたようなもので、耐えられずに心因性の病気になる人が続出する恐れもある。対応としては、スマホでチャットなど場当たり的なことはできるが、果たして上手にストレスを解消できる人が何人いるだろう。

管理されていない中で仕事をすることには不安感がぬぐい切れない。与えられた仕事が明確でマニュアル化されていれば、ノルマが終われば区切りはつく。それでも必ず判断業務が入る。そこには気軽に相談できる相手がいない。

仕事を命じる人と命じられる人がいる場合、常に会っているから理解ができるし、実際に会わなければ真意がわからない。その安心感や信頼感が最も大切なだけに不安が残るが、どこかで折り合いをつける必要がある。

欧米のように個人主義に徹して自己の裁量で仕事をする国と、日本のように組織やグループ単位で業務を進めてきた国民性の違いもある。

このように考えると、コミュニケーションをとらなくても済む仕事は限られてくるので、就業人口が六千七百万人として最大二割から三割の千五百万人分から二千万人分くらいあるかもしれない。二千万人の働く様式が変わってくることは大変なことで、まさに革命である。

⑤　格差社会拡大の恐れ

副業プラス在宅勤務がワンセットになり、新たな格差社会が生まれる恐れもある。小泉内閣の時に、仕事のヨコの流れを促す改革が行われた。確かに職の流動化はあったし、働く人々が働く時間を自分で決めることができる画期的な改革であった。しかしその結果、労務問題から見ると大量の非正規雇用を生み、具体的には雇用者数五六六〇万人のうち非正規雇用者は二一六〇万人と約四割に上る大きな格差社会が生まれた。

そこへ今回の副業の規制緩和とテレワークによる在宅勤務が日常化すれば、ワンセットにして業務分担をすることが可能になるので、生産性の向上には寄与するだろう。したがって好むと好まざるとにかかわらず、企業は積極的に取り入れるので自然に企業の内外で格差の広がることが予測される。

2　テレワークは社内の分断の始まり

在宅勤務でも全く支障がなく、むしろそれが好ましい職種についてはひとまず置いて、今まで普通に通勤していた人がテレワークに切り替える際に直面しそうなあれこれについて考えてみよう。

通常のテレワークは、満員電車で通勤することもなく、自宅で誰からも制約を受けず、与えられた仕事をして成果を出せば認められる。

社員は「これからは会社の業績よりも自分の成果だ。自分の成果さえ出せばよく、もうこれまでのように人間関係を最優先して仕事を進める必要はなくなった。あの嫌な課長の顔を見なくてすむだけでもハッピーだ」と考えがちになる。

果たしてそうだろうか。

不安と焦燥感に駆られ、「もう閉じ込めないでくれ」と彼らが悲鳴を上げるのも時間の問題だろう。能力評価のもとに賃金は下げられ、昇進の機会を奪われ、常に隔離された不安定な場所なのだ。週に二度ぐらいは会社へ行くとしても自分の家で仕事をする人とオフィスで仕事をする人に分けられるのだ。

つまり今までは非常事態で、会社としてもやむを得ない処置だったが、導入してみると職種によっては大いに使えることがわかった。非正規社員や副業の解禁と同じで、大変コストの安い社員ができることを会社が知ってしまったのだ。

経営者が一度知った利益の源泉を放っておくわけがない。また国も生産性の向上運動の一環としてテレワークなどの働き方改革を推進している。この流れは間違いなく進むし、その結果、格差社会にまた一つ大きな要素が増えることになる。そしてその先に見えるのは本格的なＩＴ・ＡＩ時代の到来である。

ＡＩは時間や場所を選ばずひたすら与えられた業務をこなすので、在宅勤務者に取って代わる可能性がある。語弊はあるが在宅ワーカーは将来の失業予備軍でさえあるかもしれない。

会社にとっても拙速で単純な成果主義の導入は、多くの問題を生み出すので慎重に考えたい。本書の目的は受け入れ態勢を強化する経営、つまりＩＴ・ＡＩ時代を受け入れながら「当たり前のことができる会社」を作ることであり、そのために「当たり前のことができる社員」を育てるノウハウを紹介している。目的を取り違えてはいけない。

3　テレワークに向く仕事、不向きな仕事

テレワークには職種によって向き不向きがあり、使える仕事は実は限られている。しかし、訪問営業など不向きな仕事の最たるものと思われても、一歩踏み込むと意外に効果的だというケースもある（第14章で詳述）。受け入れ態勢もないままコスト面だけ考えて導入すると、かえって不利益が生じる恐れがあるので、どの仕事なら自社で導入可能なのかをしっかり確認することが重要だ。

(1)　社長業

私の友人で出版界に新風を吹き込む気鋭の起業家Ａ社長は、緊急事態宣言を機会として週二回のテレワークを始めた。ある日、彼の会社に電話をすると、社員が「社長は本日、在宅勤務をしております」と言う。携帯電話に掛け直して様子を聞いてみると、在宅勤務によって「目から鱗」的な体感を得ているらしかった。

「会社を離れてみると、日ごろ見えなかったものが見えてきて、新しい発見ばかりだ。まず一番良いことは考える時間を持つことができたこと。朝から晩まで『ちょっと、社長』『ちょっとご相談が』。そのたびに仕事が中断されるので、せっかく良いアイデアが浮かんでも振り出しに戻ってしまう。社員はいつまでたっても自立せず、おんぶにだっこの気分が抜けない。ほとんどそんな雑用で一日が終わってしまう。何とかしなければと悩んでいたところへコロナの襲来があり、まず社員たちが在宅勤務をするようになった。取り入れてみれば仕事によっては全く支障はないし、一人一人が自主的に仕事をするようになった。また、自分の仕事の境界線が見えるので、より責任感を持ってあたるようになった。何よりも良かったことは『社長、ちょっといいですか』の雑用が極端に減ったことだった」

これなら逆に社長が体感したらどうかと考え、自分も在宅勤務を試してみた。やってみると、いろいろ新しい発見があったそうだ。

●コミュニケーションツールさえ自宅に用意すれば、社長の在宅勤務も可能なことがわかった。

●一週間に二回の在宅勤務によって、前よりもじっくり考えられるようになり、部下の評価も客観的にわかるので効率経営ができる。

●ホウレンソウをする社員や役員には、「ちょっと、社長」によって、自分をアピールしたり、存在を認めてほしいという思いがある。また相談することで社長を連帯責任者にするという高等テクニックを使う者もいる。各人各様の思惑を持って押しかけていたのが、社長室を自分の家に移すことで、雑音が入らなくなり、社長業に専念できるようになった。

これも新しいビジネスモデルとして一考に値する体験談ではないか。

(2)　それぞれ適不適の職種はある

●テレワークに適した職場

事務職：他の社員とペアになって働く場合もあるが、比較的単独での仕事が多い。

システムエンジニア、プログラマー：パソコンでシステムの制作から納品まで完結する仕事であり、客観的な評価も出しやすい。

執筆業務や編集・校正：出版社の場合は一人の仕事が多く、対話も限られているので相性が良い。

カスタマーサポートや通販業務：もともと通信業務なので最適と言え、時間の管理もしやすい。

営業：一見不向きに思われがちだが、不特定多数の顧客を訪問する営業でも、あらかじめ訪問先が決まっているルート営業でも、十分可能だ。私自身ＩｏＴのソフトを開発した経験があるので、次章で紹介する。

管理職：ミドルクラスの管理職なら、常に現場にいるわけでもないし、仕事はその名の通り部下の管理だから、進捗状況は主に電子日報で把握し、足りない情報はメールのやりとりでも補える。ただし、中堅の働き盛りの管理職が直接部下と接しないことによってモチベーションを維持できるかどうかは、また別の問題だ。

●テレワークに不向きな職場

製造業の生産現場：専用の機械や設備が必要だし、大人数での作業もある。もちろん工場勤務の中にも在宅で生産性の上がる仕事はあるはずで、すでに検討している会社もあると聞いている。

接客業・サービス業：店頭販売には不向きだが、訪問営業なら意外に向いている職種の一つと言える。

医療・福祉業：コロナ下では遠隔地の患者を診察するケースも出てきたが、経過観察の患者などに限られる。福祉はロボットが担う時代がやがて来るだろうが、今はまだ無理だろう。

ここまで見てくると、テレワークに向いているのは業務が定型的で、単独で完結する仕事だとわかる。

セキュリティについては万全を期さなければならない。顧客情報などが漏れると、社会的責任を追及され、会社の信用問題にまで発展する恐れがある。また、自社の機密情報の漏洩は会社に重大な損害を与えるので、徹底したセキュリティ対策をしなければならない。漏れてもよい仕事だけではテレワークの効果も限定される。

4　だんだん明らかになるテレワークの課題

日本生産性本部が雇用者一〇〇〇名を対象に行った調査によると、二九％が在宅勤務を実施、そのうち六六％が仕事の効率が下がったと答えた。課題としては、「職場に行かないと資料が見られない」四九％、「通信環境の整備」四五％、「机など働く環境の整備」四四％、「決済のデジタル化と同僚との意思疎通」三〇％であった（『日本経済新聞』二〇二〇年六月二一日付）。

私は、孤立感などの精神的な悩みから効率が下がると推測していたが、実態はツールの不具合など、環境問題の整備不足が上位を占めている。まだ始まったばかりなので使い勝手に目が行くが、このような不満も時間とともに改善され、より良いものになるだろう。

これからは、経営の基本的なマネジメントの問題や個々の社員の心の問題が課題として出てくるだろう。これだけの変革がスムーズに定着するはずがなく、その課題に応えられる「当たり前のことが当たり前にできる会社」にしなければならない。

第14章 テレワークでできる革新の訪問営業

1 十一年前に開発した電子日報がテレワーク時代に活きる

今から十一年前に私のクライアント社で実際に行った電子日報による訪問営業の成功例である。電子日報をスマホからインターネットにつなげることによって、全社がリアルタイムで情報共有できるシステムを構築した。スマホがようやく普及しはじめたころなので、当時としては最先端の開発だったように思う。

コロナ禍によってテレワークが始動した今、このシステムを使えば店頭での対面販売以外の営業であれば、営業職にも在宅勤務は十分可能なことがわかった。むしろ使い方次第では、不都合がないどころか大きなメリットが得られることも確信している。理解していただくために、開発から完成までのプロセスを紹介する。

クライアントのA社は、商業車を販売するディーラー。当時、創業七十年を迎える老舗で、社員百五十名、本社の他に七店舗あり、対象顧客数は約八万軒だった。一日十軒以上は訪問することになる。

2 過去の営業――釣り堀営業

従来の営業マンは、訪問する対象客は一人で二千軒ほど有していたので、毎日どこへ行くかを決めることが一仕事だった。訪問の基準をしっかり決めていなかったので、行きやすい客のところへ行く、行かなければならない客へは行かない、あるいはご用聞き程度の営業でお茶を濁す状況だった。

私はこういう営業を「釣り堀営業」と呼んでいた。先輩が作った顧客だけを相手にしていれば、買い替えのローテーションで、なんとか数がこなせる仕組みだ。とかく良いエリアを持っている営業マンほど胡坐をかいて、釣り堀で糸を垂れているだけでノルマを果たすことができたからだ。

したがって重点客といっても、過去の遺産で食べているにすぎず、あとは彼らの価値観で、お気に入りの客、相手にしてくれる客、良い客だが厳しい社長、なんでもケチをつけて値切る客、名士なので敷居の高い客、一度叱られて二度と行かない客などと勝手に仕分けて営業をしたりしなかったりしていた。

もちろん、営業マンの気質に惚れて良い客になってくれている場合も多い。つまり、商業車の営業は人間臭くて、理論や理屈で売るものではないという固定観念が身についていた。したがってこの業界は個人の力量に負うところが大で、厳しい会社と言われても、戦略や戦術を持った経営的感覚での厳しさではなく、ノルマが厳しいだけのところが多い。この調子で行けば、良くて横ばい、悪くすると軽く年一〇％ぐらいの落ちでも不思議はない。

特に商業車の場合、大口の顧客とは常にコンタクトを取っていなければならないので、どのような営業戦略を作ってでも訪問することが命なのだ。更に、日ごろの訪問をおろそかにしている営業マンほど、商談に入ると安易な値引きに走ってしまう。顧客もしがらみがないので、「よそより安くなければ買わない」と買い手優位の商談になり、「訪問しないから売れない」「売れないから安売りをする」という悪循環が生じる。

それに対して闇雲に「一日十二軒は回ってこい！」などと怒鳴っても限界がある。どこでもそうだが、この打開策としてアメとムチを使い分けて、報奨金制度を使ったり、営業会議の席順を売り上げで決めたりして刺激を与えるが、効果は一時のことで、すぐジリ貧になってしまう。馬を水辺に連れて行くことはできても水を飲ませることはできない。昔ながらの営業マン任せの訪問から脱皮し、マーケットを重視した「行かざるを得ない」戦略的なシステムを作ることを自分に課した。

3 ペーパーレスの電子日報の開発

先の章で日報ほど役立たないものはないし、役立てていないものもないことを述べた。「どこに行っていたのか？」とアリバイを探るものだったからだ。これでは書く側も読む側も単なる形式にすぎないので、日報は誰のためにもならず形骸化していた。今までの「アリバイ探し」と「めくら判」の日報から脱皮し、本来の目的である「情報収集」に重きを置いた新しい日報をつくることにした。

つまり営業マン自身のためになる日報、上司が一目見て部下の行動が把握でき、的確な指示を出すことができる日報を考えなければならない。

(1) 開発のコンセプト

ペーパーに記入する営業日報を廃止して、全く発想を変えたスマホによるインプット型の電子日報を開発する。例えば先の方法で抽出された顧客については、訪問日時、顧客名、住所、所有台数、他社比率、車検の入庫状況、クレーム処理等すべての情報を知ることができる。このデータによって、誰に会って、どんな話をして、どのような情報を得るかまで、一目でわかるビジブル型の日報である。商談後の日報への記入も、できるだけ短時間ですませ

開発ソフトのフローチャート

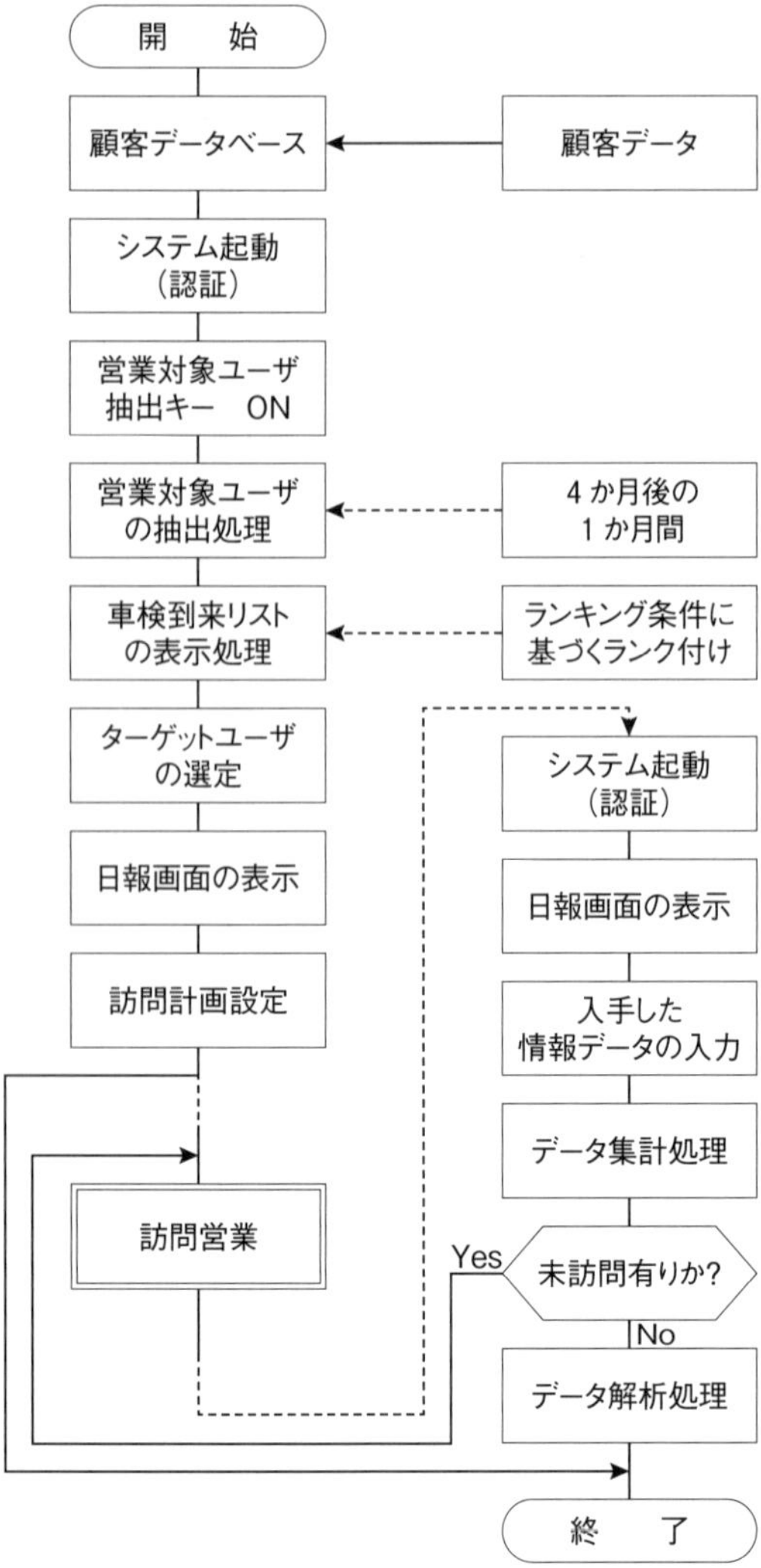

るように、訪問した目的は該当項目にチェックを入れれば完了する。

ただし、新しい電子日報の目的はアリバイ探しではなく情報の収集であるから、「情報欄」として要点だけを一行書けるところを設けた。つい現場の事情を無視した複雑な記述を要求しがちになるが、あくまでも一目見たら理解できる日報を目指したのがミソである。訪問後は最小の労力で、短時間で該当箇所にチェックを入れれば完成だ。これなら訪問先から次の訪問先へ行く間に記入することができるので、今までのように帰社してから残業までして役に立たない日報を書く必要はなくなる。

●顧客のデータベースには、あらかじめ全ユーザーの情報（過去の登録台数、日時、車種、車検日、ＡＢＣ管理による層別区分、など）が集められていたので、分析してソフト化できるように加工する。

●システムの基本になるキーワードは「法律で定められた商業車の車検は一年に一度」を利用し、顧客ではなく車を中心にした訪問システムを作成する。

●訪問営業は情報の収集でもあるので、目的をはっきりさせ、誰に会い、どんな情報を得たかを関係者全員に共有できるようにネットワークを作る。

●一人当たり三千軒の訪問客の中から、今日訪問する顧客を抽出することは不可能に近い。営業マンは面倒なので結局行きやすい客を選び、訪問しなければならない客へは行かないのが常である。この弊害をなくし、戦略的訪問に変える。

●画面データから今月のユーザーをクリックすれば、直ちに当月の訪問しなければならない顧客と車情報がわかるものにする。

●その基準は車検四か月前の顧客を抽出し、同時にＡＢＣ管理によって顧客の重要度の情報を得ることによって、短時間のうちにＡＢＣで層別化された顧客を組み合わせて当日の訪問客を決めることができる。
●ＡＢＣ管理を導入することによって、顧客の所有台数がわかるので一台しか持ってない顧客は一年に一度の今月しか訪問できない。したがって絶対見逃してはならない顧客を判別できるようにする。
●訪問先のユーザーを選定すると、日報画面に詳細な顧客データが表示される。あらかじめ顧客の情報を把握しておいて商談の資料にする。したがって訪問の質が上がり効率性が高まる。つまり営業の生産性が上がる。
●そのデータは本部に送られ更新されるので、常に誰でも知りたければ最新の情報を見ることができる。
●この電子日報のルールに従って所定欄にインプットしなければ「未訪問の顧客」として残るようにし、訪問せざるを得ない仕組みをつくる。
●管理者自身がＩｏＴによる管理に慣れない間は、過去のアナログ式の管理に戻る恐れがあるので、管理者が一週間に何回チェックをしているかがわかる「管理者を管理するソフト」を開発する。

(2) まず、ＡＢＣ管理で顧客の実態を知る

商業車業界は、詳細な各社のデータが揃っているのでベースはできていた。そのデータをもとに当社の顧客分析が必要なので、ＡＢＣ管理の手法を使って作成した。ＡＢＣ管理はもともと在庫管理などで原材料、製品等の資金的重要度を分析する手法である。

しかし、マーケティングにおいても売上高、販売個数、顧客、売上総利益などを重要度によって並べて、それぞれの優先度を選定する場合に使うことが可能である。単なる売上分析だけではなく、効率良く正しい戦略を立てて取り組むには大変優れた手法である。

当社の訪問マニュアルであるが、ＡＢＣ管理の手法を取り入れることによって、営業マンは改めて顧客の実態や重要度がわかり、迷うことなく、顧客を選別し決めることができる。この管理表がなければスマホに管理を任せるシステムはできなかっただろう。

<table>
<tr><td colspan="2">区分項目</td><td>(A)
10台以上
重点管理</td><td>(B)
4－9台
準重点管理</td><td>(C)
2－3台
取引先改善管理</td><td>(D)
1台
再検討管理</td></tr>
<tr><td colspan="2">グループ特性</td><td>優良得意先
発展性あり</td><td>準優良得意先
発展性に欠ける</td><td>取引評価は低いが発展性はある</td><td>評価、能力共低く重荷</td></tr>
<tr><td colspan="2">基本スタンス
(戦略)</td><td>すべてのサービス支援活動を優先させる</td><td>重点管理グループへの移行努力</td><td>取引条件の改善シェアアップ作戦</td><td>取引縮小の方向</td></tr>
<tr><td rowspan="5">訪問頻度</td><td>担当者</td><td>月3回</td><td>月2回</td><td>月1回</td><td>年4回</td></tr>
<tr><td>マネジャー</td><td>月1回</td><td></td><td></td><td></td></tr>
<tr><td>支店長</td><td>月1回</td><td>2月1回</td><td>3月1回</td><td>—</td></tr>
<tr><td>本部長</td><td>3月に1回</td><td>年3回</td><td>年2回</td><td>—</td></tr>
<tr><td>社長</td><td>年3回</td><td>年2回</td><td>—</td><td>—</td></tr>
<tr><td colspan="2">支援活動</td><td>年2回得意先に向けた共同キャンペーン
情報の提供</td><td>販促企画の積極提案。
情報の提供</td><td>左に同じ</td><td></td></tr>
<tr><td colspan="2">コミュニケーション活動</td><td>冠婚葬祭には必ず社長または本部長
お中元、お歳暮</td><td>年賀、暑中見舞い
常時電話や訪問</td><td>同左
手まめ、足まめ、口まめで</td><td>電話による</td></tr>
</table>

(3) そのほかの訪問電子日報の一部

訪問内容リスト

記号を記入するだけでよい

記号	情報項目
A	商談
B	定期訪問
C	登録業務
D	調子伺い
E	請求．回収
F	提案．販促
G	苦情処理
H	納車．引き取り
I	納品．返品．配達
J	その他
K	集計

保有台数によるランク付け

ランク	保有数	フォロー
1	10以上	
2	4－9	
3	2－3	
4	1	

車検リスト

車検到来リスト　5　月分　1月21日　登録

ランク	顧客名	顧客住所	電話番号	登録番号	車台番号	初度登録月	車検満了日	最新訪問日
1								
1								
1								
1								
1								
1								
1								
1								

営業マンの訪問活動が一目でわかる日報

事業計画 10 販売台数 6 受注残 3 計画差 1 受注見込み 1 来期見込み 1													
顧客名	車型	区分	登録見込み月	下取り	商談進捗状況	他社との競合	受注見込み確率	見積書提出日	訪問日	敗戦理由	HOT情報	その他特記事項	情報更新日

商業車は購入意欲から見積もり商談、成約し発注し登録して納車まで約半年を要する。営業マンが訪問して購入意欲があることを探知する。社長は直には情報を出さないので、社員から聞き出す。

この段階では単なる情報に過ぎないので、「煙情報」と名付けた。

その後の営業活動により、社長からも確かな手ごたえを得た段階で「ホット情報」に印をつけると、見込み客になる。

営業会議では、この「煙情報」から「ホット情報」へ推移していく過程を徹底的に追求する。ここまで来れば上司も同行して受注獲得に取り組む。

このように活動状況が見える日報を作成すると、情報の共有ができ、受注の成功確率が高くなる。

その他にも訪問活動のための情報源として、訪問実績の集計、顧客別訪問実績、未訪問客リスト、ターゲットユーザーの訪問実績、ホット情報、営業活動の進捗状況履歴、層別区分履歴、重点顧客訪問履歴などをソフトに組み込んだ。このように顧客のデータや自分自身の行動状況を入れたスマホを携帯するので、営業マンはクリック一つで知りたい情報をいつでもどこでも得られるようになった。

その結果、自分の考えで訪問プログラムを組むことができるようになったので、「やらされる営業」から「自ら行動する営業」に変わった。
当然、営業マンのモチベーションは上がり、営業力は格段に付き、その結果売り上げが増えたことは言うまでもない。

4 営業マンのやる気を引き出す新規開拓ソフト

まず会社を継続させるためには、売上高は最低でも維持されなければならない。何も努力しなければ年に一〇%から一五%程度の顧客を失うことになると言われている。飛び込み販売や不特定多数を相手にする場合を除き、大小にかかわらずどこの会社でも新規の顧客を開拓することは至上命令である。しかし、これほど難しい営業はないし、どんなベテランの営業マンでも苦手にするところだ。

特にトラックやバスといった商業車は会社対会社の付き合いや人間同士の情の付き合いなど、かなり深く入り込んでいるので、それなりに難しい。もちろん簡単には受注などできないし、良い客は競合社も懸命に頑張ってガードしているので近づくのも至難である。しかも、台数に追われているセールスマンにとって、時間のかかる新規開拓をするよりも、その時間で少しでも知っている顧客を回るほうが効率が良いので、なかなか重い腰を上げない。

そこでモチベーションを上げる仕組みを考えなければならない。彼らの心理状態を観察すると、新規開拓は先が読めないし、効果が目に見えないから継続できないことがわかった。つまり面白くないのである。そうであれば、進捗の過程が目で見てわかれば、やる気が出るはずだ。

つまり、挨拶から始まって顧客になるまでの過程をシステムに組み込むことによって、進捗状況を「見える化」すれば成功の確率は高くなると考えた。

新規の顧客が車の購入を考えているという情報が入ったので早速訪問する。

第一ステップ：キーマンを探る。

第二ステップ：キーマンがわかったので、より詳しい情報をつかむ。

第三ステップ：何度も訪問して親しくなる。当社の車を説明して関心を持ってもらう。

第四ステップ：上司と一緒に挨拶。

第五ステップ：見積もりの依頼を受ける。慎重に検討。

第六ステップ：競合も死守すべく破格の価格で防衛されたので断念したが、顧客も誠意を認め次回は購入することを確約。

このソフトを開発したことによって、日々の進捗状況について担当営業マンと上司の間で情報が共有され、以後は受注の確率が格段に上がった。今までは、すべての情報は個人の頭

新規開拓の進捗状況が一目でわかるソフト

訪問日	新規顧客ターゲット	住所	所有車 a車・b車・c車		ステップ情報					特記事項
					調査 接近	挨拶	情報	引き合い	受注	敗退フォロー
				面談相手						

の中にあったので、上司が開示させるだけでも大変なエネルギーを必要とした。

あの「なぜ報告しなかった！　なぜ相談しなかった！」の怒鳴り声が聞こえなくなったのである。一方、このソフトが開発されてからは、特に優秀な上司でなくてもしっかり把握ができるようになり、営業部員も緊張して取り組むようになった。

進捗状況の全社的共有が営業マンのモチベーションを上げることにつながったのだ。**「営業の見える化」**の例である。

このソフトがなかった時は手探りの営業をしていたので、途中で挫折してしまうことも多かった。この開発によって、営業マンが自分の商談の過程を見ることができるようになり、意欲が出て成功に結びついた。また上司も部下の開拓していく進み具合がわかるので、タイミングを外さず支援することができた。

このソフトがなければ、虚しい説教が続くだけで、ほとんど失敗に終わっていただろう。新規開拓に一人でバリバリ取り組めるような人材は滅多にいない。人材に頼らなくても仕組みでやらせるのが、このシステム化だった。

5　仕上げは上司を管理するソフトの開発

訪問営業の管理職は、業績に直結しているだけに売り上げに追われ、回収の責任を負い、社長出席の会議ともなれば「針のむしろ」状態であったりする。その活力源は一人一人の営業マンにかかっており、彼らのモチベーションを上げるために、時に怒り、時に喜び、神経の休まる暇もない毎日を過ごしている。

毎朝、一〇時になっても一一時になっても会社に居座ってなかなか出かけようとしない営業マンに「今日はどこへ行くのか」「最近、Bさんのところへ行っているのか」と声かけすることから始まり、夜になれば帰ってきた営業マンに今日の情報を聞き、そのたびに怒ったり怒鳴ったりしなければならなかった。

その他に朝の直行、夜の直帰も多いから、ホウレンソウを強く求めるためのツールが日報だった。「声かけ」「面談」「日報」など、あらゆる手段で情報収集に励んだ苦労も、自立可能な訪問管理のソフトによって半ば報われたかに思えた。

ところが管理者の中に、送られてくる情報を見ない者がいることがわかった。この電子日報はクリック一つで、社員の昨日の行動や今日の予定がわかるほか、知りたい情報が自然にわかる仕組みになっている。会社をいったん出ればどこへ行って何をしているのかさえ見えなかった社員でも、このソフトによって訪問歴がわかる上に、訪問先の顧客の販売台数から車検の入庫の有無、保険の加入から過去のクレーム、あるいは現在の商談状況まで、居ながらにして手に取るように把握できる。

それにもかかわらず古参の管理者がデジタルを敬遠して、肝心のシステム自体を利用しないのだ。そこで、管理者が毎日チェックすべき重要項目に目を通したかがわかるソフトを開発することにした。

社長から営業不振の責を問われ、「君は部下の管理をしっかりやっているのかね」などと小言を頂くことがあるが、このソフトを使えば管理者の仕事をしたかしなかったか、誰の目にもわかるので誤魔化すことができない。

月に一回、社長が同席する支店長会議でこのデータを公開すると、さすがの強者も軍門に下り、責務を果たすようになった。試行錯誤の結果、このシステムが完成したのは今から十一年前のことだ。

テレワークが導入されれば、週二回程度しか直接会わなくなるので、管理職がＩＴを使いこなして部下を管理していくことは重要な業務になる。社員は自主性を求め、管理者は部下の位置情報を知りたがる（つまり以前よりも何をしているのかを知りたがる）ようになる。

このギャップをテレワークの欠陥として否定するのでなく、むしろメリットを活かして使いこなす前向きな取り組みをしなければ生き残れない。

6　完成はスマホ電子日報のネットワーク化

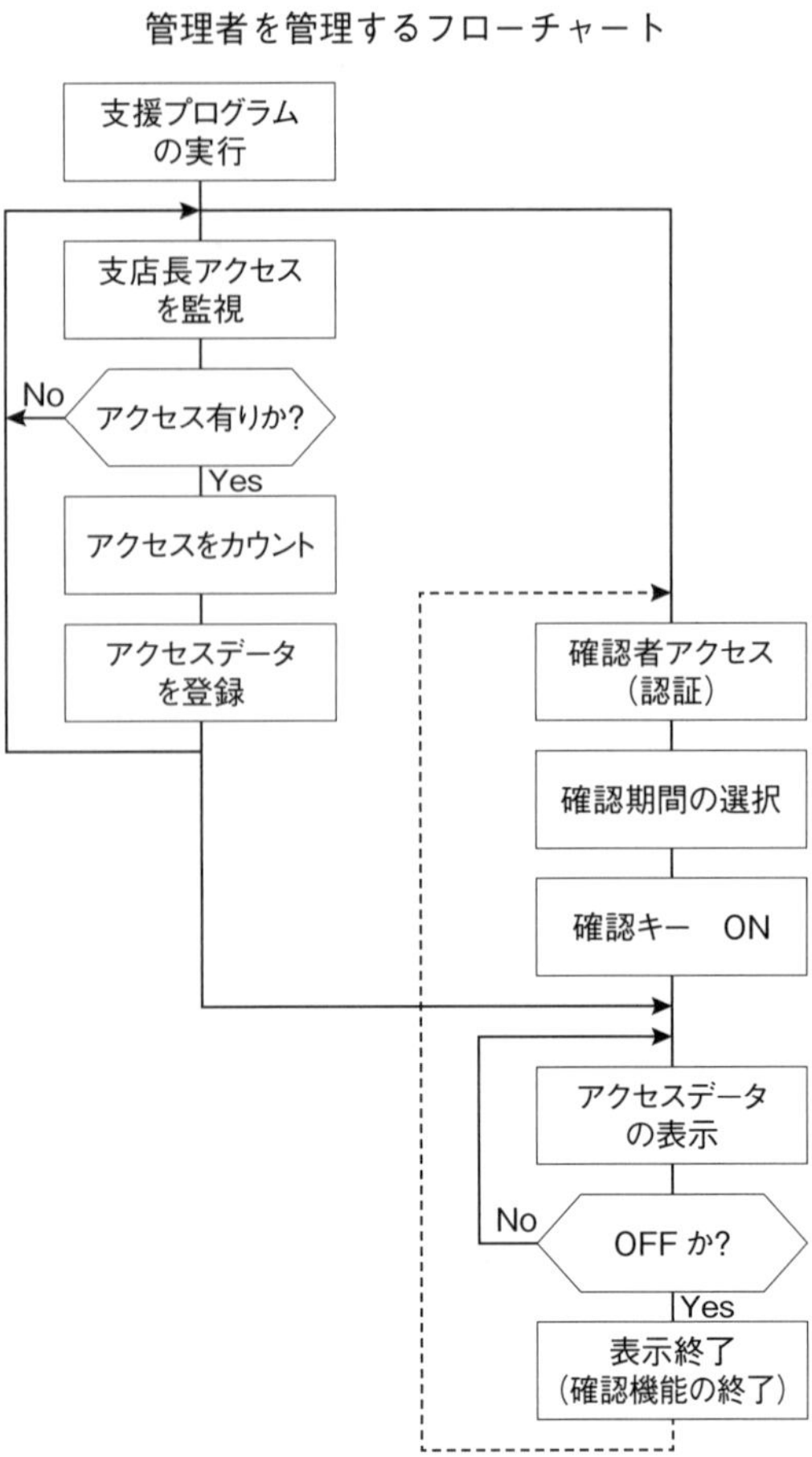

特許申請中　特願　2014——172063

二〇〇四年ごろにスマートフォンが初めてドコモから発売されたが、「スマホ」という名

称で呼ばれるようになったのは、ドコモが日本独自の機能を備えた機種を出した二〇一一年ごろからと言われている。

私がこのソフトの開発を思いついたのは今から十一年前であったので、スマホの名前もないころだった。当初はパソコンに訪問管理のソフトを入れて使用したので、営業マンは訪問先の選別から日報までの手順をルールに従って検索し、報告事項は入力していた。当時では画期的なツールであり、手書きの日報から解放されることで随分喜ばれ、成果も上がりつつあった。

間もなくスマホが爆発的に普及したので、端末からインターネットにつなげ全社にネットワークすることによって完全に完成した。

次の訪問先への移動の間に情報を入力すればインターネット経由で最新情報が更新され、同時にデータ処理機能によって直ちに集計できる。その内容は、全営業マンおよび管理職のモバイル端末にフィードバックされるので、社長はじめ全社的に情報が共有されるようになった。

訪問計画を立てたユーザー数、実際の訪問軒数、未訪問軒数、訪問回数、訪問率、一顧客当たりの訪問回数が、担当者別に訪問実績表として随時更新される。まさにＩｏＴの世界が現実になったのだ。

より効果を生み出したのは、前からやっていた二十分ミーティングだった。前日の日報から集まった情報を当事者が詳細に説明する。仲間で情報を共有するので、担当者以外から「その会社には友達がいる」などといった話が出ることもあるので確実性が増す。ホットな情報を多くの社員が共有することによって、情報は太くなり成功の確率が増してくる。クレーム処理も二十分ミーティングの時に段取りが組まれ、解決に向かって走り出すことができるようになった。すべては電子日報の作成から始まったことである。

7　主体性を取り戻した営業マン

この仕組みはテレワーク以前に作成したものなので、以下は通常勤務の営業マンの感想である。大方の社員が、「このシステムの目的は監視ではなく、また単なる管理でもなく、『やらされるのではなく、私がやるのだ』という主体性をもって、次のステップを考えながら仕事ができる」「その結果が成果につながり、仕事に喜びを持てるようになった」と言ってくれた。ソフトが管理することに抵抗を示すかと危惧したが、結果は好評で迎えられた。**つまり「任せる」と「自主性」の二つのキーワードが時代に適したのかもしれない。**

管理者もパソコンさえ開けば、いちいち部下に聞かなくても、見たい情報を見たい時に過去から現在までなんでも知ることができるので、自分から聞かなければならない煩わしさがなくなった。むしろそこから新しい問題意識が生まれ、会話の機会が多くなったと言う。

一方、営業マンにとっても、今までは上司からの的外れな命令や問い合わせに答えなければならなかったが、上司自身が理解した上で質問や相談をしてくるので前向きなやり取りができるようになった。二人でパソコンの画面を見ながら話し合うことで、情報を共有できるので連帯感ができ、組織で動くようになった。

一番大きな収穫は、社員が自ら計画し、実行して、情報を得て、開示して、相談するサイクルを体得したことであった。ここまでの開発のプロセスを見れば、訪問営業がテレワークに最も適していることがわかるはずだ。

8　開発の成功には優秀なプログラマーの存在があった

もう一点付け加えなければならないことは、私の開発した電子日報のアイデアを活かしてくれた優秀なプログラマーの存在である。彼の存在がなければ恐らく当時は日の目を見なかったであろう。優秀なプログラマーは企画者の意図を正確に把握する力は当然のこと、考えるに至った過程や悩みまで推し量る感性を持っていなければならない。企画者とプログラマーがツーカーの名コンビになれば最強の経営ができる。

当時は新しい発想が浮かぶと、すぐ彼に頼んでソフト化してもらい、現場に持ち込んでは社員に使い勝手を聞いて修正する、の繰り返しだった。とにかく少しでも不具合があると、営業マンは抜け道を考え、管理職は手を抜く。そこがシステムの欠陥だった。

まるで雨が漏れる屋根のように、修理しては漏れ、漏れては修理するの連続である。ある日、彼が私のアイデアに感心して、「こんな考えは誰もしませんよ。鳥肌が立つ思いでしたが、それだけにワクワクしながら取り組みました」と言ってくれたことがある。思わず二人で固く手を取り合ったことを思い出す。

これからは、感性が良くて経営を理解しているプログラマーが、なくてはならない貴重な人財になる。業務の改革・改善はシステムエンジニアリングの力なくして語れない時代になった。

ＯＡ化をどんどん進めて省力化すれば、実務部門も業務がより明確になって本来の営業活動に専念できる。これまで情報技術部門は事務の合理化をするスタッフぐらいの認識しかされてこなかったので、その地位も低いものだった。しかし、ソフトを組むプログラマーは経営的センスがなければ仕事にならないし、経営戦略の作成の時点から参画し、理解し、推進するリーダーとして中核的存在にならなくてはいけない。システムエンジニアの担当部門を最重要に位置付ける会社は、ＩＴやＡＩに振り回されない自立した会社と言える。

一九五〇年代のＥＤＰ（エレクトロニック・データ・プロセッシング）化やＯＡ（オフィ

ス・オートメーション）化だけでは、単に人手をかけずに処理できるようになっただけで、貢献度は微々たるものだった。それどころかインプットに時間がかかるからと人員増を求められるようなものも多かった。

ペーパーレスになれば人間の仕事はどのように変わるのか、また変えていかなければならないのか、人間の仕事そのものの追求が基本なのだ。全社的に見て最も効率の良いシステム化のために、仕組みの再設計が必要になった。システムエンジニアの設計能力が問われる時代に、会社自身で人材を育てるか、あるいは集めるかが急務になる。

9　テレワークに最も適した訪問営業

(1)　主力業務こそテレワーク化に舵を切れ

「販売なくして事業なし」と言う。研究開発であろうと、人材銀行であろうと、あるいは高度な精密機械メーカーであろうと、営業活動のない会社はない。

営業に携わる社員は業種によっては主力であり、海外を含めた人材への投資は巨額の販売費で賄われている。もし仮に営業マンを在宅勤務にしたら、通勤のために費やしていた時間と経費の節減は計り知れないものになる。

スマホがテレワークの訪問営業を可能にしたのだ。ここで改めてスマホとは何かを考えて

テレワークでできる訪問営業の仕組み

顧客データを入れた電子日報 ＋ ネットワーク化 ＋ ウェブ会議・テレビ会議 ＋ 上司を管理する管理ソフト ＝ テレワーク

みる。携帯電話とパソコンの中間的な存在であり、パソコンで行う機能を次々と取り込んでいる。具体的にはワードやエクセルなどのファイル編集や計算機能を持ち、添付ファイル操作を含めたメールの送受信、パソコンと同じイメージでのウェブ閲覧などもできる。このように通話機能だけではなく、インターネット利用、スケジュール管理、位置情報など、多機能なコンピューターを携帯できる魔法の箱と言える。

これさえあれば、どこにいようと、どんな営業資料でも取り寄せられるし、最新の顧客データや同僚の居場所さえ探知できるのだ。もう会社にいなければならない理由は全くないと言ってもいい。大事なホウレンソウも、どこでも、いつでも、誰とでもできるのだ。こう見てくると店頭販売を除くほとんどの営業活動はテレワークに向いており、デメリットを探すのが困難なくらいだ。

(2)　ある営業マンの一日を想定する

このシステムを開発した会社の営業マンをモデルにして、その一日を追うことにする。彼はバスやトラックの商業車を売る営業の係長で、週二回、月曜日と水曜日に出社し、その他の三日間は在宅で勤務している。

①　今日は木曜日。八時四五分、二十分ミーティングがテレビ会議で始まる。今までは直行などで集まれない日も多かったが、スマホでできるようになってからは、その時間さえ空ければどこにいても全員が参加できるようになった。一人一人の前日の電子日報から情報が画面に映し出され、担当者が要点を説明していく。お互いに疑問や意見を出し、営業課長が各人に指示を出し、短時間で効率の良い会議が進む。ミーティングの基本を全員が身に着けているので進行も早い。定刻九時には終了する。

②　パソコンから今日行くべき訪問先を検出する。あらかじめ当月分の訪問先として四か月後に車検が来る顧客リストができているので、あとは本日の訪問先を検索する。ＡＢＣ管理による顧客の重要度に合わせて、巡回ルートを考慮して十二軒抽出する。ざっと顧客のデータを読み、要点を頭に入れる。

③　九時半出発。今まではどこへ訪問するか決めるだけでかなりの時間を要し、周囲から呼びかけられたり、急な仕事を頼まれたりで、結局昼ごろまで社内にいて午後出発も多かった。どこの支店も同じようなものなので、四十名の営業マンが半日ほとんど仕事らしい仕事もせず過ごしていたことになる。費用に換算すれば、三時間×四十名×五千円の六十万円である。一か月二十日として千二百万円、年間ではなんと一億四千四百万円になる。これをインプットしてアウトプットを出すと天文学的な数字になるので、想定だけにとどめ

る。**今更だが日本企業の生産性が低い原因がはっきりわかる。**

④　まず、最重点顧客A社へ訪問する。たまたま社長がいたので、最近の仕事の状況などを聞く。あるメーカーが出した新車について話が盛り上がり、試乗したいという申し出を受ける。次の訪問先へ行く車の中で、電子日報の該当項目にチェックを入れ、「購入見込みあり」とする。午前中は四軒回れたので順調なペースだ。

⑤　午後になってB社へ行く。新規開拓のために年二、三回の割で訪問しているが、まだ受注ができない相手だ。事務所には社長も部長も不在で、女子社員だけだった。今までならここで帰ってしまい、日報には「訪問したが不在」と書いて終わらせていた。しかし訪問の目的は情報をとることなので、女子社員に話しかけた。すると、彼女から社長が「新車を二台買わなきゃ」と言っていたことを聞くことができた。すぐ端末に情報を入れたので、上司は顧客の分析に入っているだろう。明日のミーティングでその攻略方法について話し合うことになる。

三時。訪問の途中で情報が入った。彼の最重点顧客がクレームをつけてきたという。それもかなり重大な過失のようだ。すぐ関係する技術者三人を集めてウェブ会議をすることにした。責任分担を決めてそれぞれが行動することになった。結果的には対応が早かったので被害を最小限で抑えることができた。これも今までなら恐らく二、三日は要したろう。

その間の休業補償などの問題がこじれれば、最悪の場合は大事な顧客を失っていたかもしれない。

五時を回っていたので家に帰ったが、日報は訪問の間にすませてあるので、やることといえば明日の準備ぐらいのものである。恐らく会社にいれば、あれこれ雑用もでき、一時間や二時間は費やすことになる。たまたま同僚と会えば夕食でも食べようとなり、気分が良くなりもう一軒となれば、帰宅はいつも一〇時を回っている。

どこにでもいる一人の営業マンを追跡してみたが、会社にいても家にいても全く仕事の中身は変わらない、何一つ不都合なことも起きない。情報ネットワークを使えばたいていのことは居ながらにして間に合う。コミュニケーションも自由自在にできる。デメリットとして考えられる孤独感や不安感も、月水と週二回出社すれば、上司や部下とのコミュニケーションは十分とれるので解消可能だ。

もちろん精神論だけではなく、その業種に合わせた訪問ソフトの開発や仕事の仕組み、あるいは組織の改編などは必須だが、この際、抜本的な営業改革をしなければならない。テレワークやリモート会議は世界の常識である。コロナ禍は、日本企業が生産性を飛躍的に上げるための大きなチャンスだ。

第15章 ＩＴ時代の組織の簡素化

1　組織を変えるのは今だ

(1)　テレワークは組織の転換点

世の中が多様化して激変していく中、組織がその変化に付いていけない現状がある。加えて高学歴化・高齢化によって管理職のポストを増やさざるを得ない面もある。歴史もある大きな組織なら、管理者のほうが多いケースすらある。

私が入社した昭和時代は年功序列の最たる時で、脚光を浴びていた重厚長大産業などは、完全にピラミット型のタテ組織で成り立っていた。例えばそのころでも、その職階は係長心得から始まり、係長代理、係長、課長心得、課長補佐、課次長、課長、部長代理、部次長、部長と、十階級ぐらいはあった。

初めて係長心得に任命されると、心得違いの人事だなどと冗談交じりに批判されたものである。稟議書などはハンコのオンパレードで、今から思うと「古き良き時代」だったと思うしかない。

しかし今でも、役職の名称こそ変わったが、処遇に困って資格名を表に出したり、チーフやマネジャーなどのカタカナを取り入れた苦心の跡が見える。名刺を見ただけでは職位や権限がわからず、単なる記号としか思えなくなっている。また、組織そのものもスタッフ職が増えるに従いタテ組織の業務を担当したり、タテ組織が専門職の仕事をするなど、かなり複雑に入り組んでいる。

組織を作るから仕事が増え、職階が増えると必然的に決済する人員が多くなり、連絡先や打ち合わせの回数も多くなる。組織がヨコに広がれば当然担当役員も増え、担当や部門の構成も複雑化し、さらにロスを生み出す構造になっていく。テレワークやリモート会議が当たり前になれば、組織も変えざるを得ない。

(2)　ラインはフラットで柔軟に

平常時に組織を変えることは難しい。組織は会社そのものであり、働く社員の生活権にまで及ぶからである。しかし、非常時の今こそ抜本的に変えることが可能になった。肥大化した階層や組織を思い切って少なくすることだ。それによってコミュニケーションを良くし、実態が正しく伝わって意思決定の早い効率の良い組織体制を作らなければならない。

まず、管理部門は部課を廃止し、事業部制も部にとどめる。部課制を廃止すれば各部門に所属する社員は多くなるので、その規模によって担当役員を置くことはやむを得ないが、社長の下には担当役員一層だけにする。更に常務、専務、副社長を置いたのでは意味がない。

課制がなく部の中の人員が多くなれば、その運営は業務の役割や課題に合わせて必要に応じて柔軟に編成することが可能になる。職階はテーマごとにグループを設け、グループリーダーを置く。ただし、グループリーダーの資格にこだわると、固定化してしまうので従来と変わらなくなってしまう。したがって、役割と課題を明確にしてグループごとの再編成を随時行い、適材適所を主眼に若手を登用し、活力のある組織運営をすることが大切になる。

(3)　スタッフは少数精鋭でなければならない

時代の変遷とともに職制が多様化してくると、自然にスタッフ職が増加してくる。そして、次第にラインは弱体化してスタッフの権限が強くなる。かつて調査部と呼ばれたスタッフ部門が、今では企画部などと名乗るようになった。社長室という権威の象徴を表す部署さえある。

一方、権限が強くなると職域が増え、ラインは頼りにするのでつまらぬことでもお手伝いをすることになる。その結果、スタッフのレベルも必ずしも高い専門化とは言えなくなる。

ラインは働く原動力であり、スタッフはラインが働きやすいように専門的なレベルで補佐していく。そのためにはスタッフは更に高い専門能力を身に着けて、ラインに期待されるように努力しなければならない。したがって、今までのように過度に期待されるサービス業ではなく、スタッフ本来の仕事に戻らなければならない。

ＩＴ・ＡＩ時代は、企画的業務の主力であるデータ分析などはＯＡ化によって役割が奪われる。データを集めてインプットする社員は必要だが、企画の中心である分析はＡＩがするので、その役割と存在価値はなくなってしまう。もともとレベルの低いスタッフや自己研鑽をしないスタッフは消えていかざるを得ないのである。したがってスタッフは常に少数精鋭を追求しなければならない。

(4) ラインの横断化によって組織は劇的に変わる

改革や改善が叫ばれてきたが、管理部門の実態は依然として総務、人事、経理など機能別であり、型通りの組織が続いている。

変えるためのキーワードは「集中」であり、それを可能にするのはＯＡ化だ。つまり、業務の作業過程を分析して環境を整備し、機器と情報技術を組み合わせ、システム化することによって効率を図り、生産性の向上を実現する。このＯＡ化が進むことによって、各部門の戦略面と実務面を切り離してヨコ割り組織にする。

例えば経理であれば、決算までを作成する事務部門と、経営分析をして効率的な資金調達をする戦略部門に分けられる。人事の場合は、募集業務や日常の労務管理の実務と、人事政策・人事評価などの戦略部門に切り離すことができる。

この場合、反論として「戦略と実務は一体であって、実務を切り離すと戦略が独り歩きする恐れがある」という声もあるが、逆に今までのように戦略を実務グループに付けておけば、結局実務に流されて戦略が見えなくなってしまう。部門を戦略と実務に分けることができれば、組織は大幅に変わり、革新の方向が見えてくる。

2 ラインの横断化を強くする二十分ミーティング

前項で説明したようにＩＴ・ＡＩ時代はヨコの組織の強化をすることが重要になる。ここで紹介する方法は私が実際に実行したものであり、効果も実証済みだ。「当たり前の経営」では、情報の共有ができる仕組みづくりが必要になる。

日本はタテ社会と言われている。確かに「おらが村」から始まり、「おらが会社」「おらが部」「おらが課」である。大方の会社は「おらが課」でさえ情報の共有ができず、個人の机の中から外には出ない。管理者は情報を取ってこいとは言うが、取ってきた情報を開示させる努力はしない。部下の情報を開示させて活用することは、現場長の力量に任せるしかない。一歩進んで、「良い情報」の共有ができたとしても、せいぜい「おらが課」止まりである。逆に「悪い情報」は組織を守るために「おらが課」の中で封印され、他部署には決して漏らさない。その結果、取り返しのつかない損失を受ける事態が起こる。

逆に言えば、ヨコの組織に強いことが、利益をこぼさず利益を生み出す源泉になる。したがってヨコの組織を強くするためには、他部門とのコミュニケーションを良くすることだが、口で言うほど簡単ではない。当たり前の経営の観点から考えると、情報の共有ができれば目的は達成されるはずだ。そのための有効なツールが、コロナ禍で実現したウェブ会議、テレビ会議などのリモート会議である。

わざわざ遠方から集まる必要がないので、場所を問わず開くことができるようになった。ある会社の朝を例にとれば、定刻九時始業であるから支店の営業マンは八時四〇分に集まり二十分間のミーティングを行う。目的は前日に収集した情報交換であり、報告である。

たまに本社の営業部長が参加してテレビ会議が行われる時もある。支店の営業関係は九時までに終了し、引き続き各支店長が参加するテレビ会議を開く。この時の議題は各支店で先に行われた二十分ミーティングで得た情報の交換である。つまり部門ごとのタテの会議と支店長間のヨコの会議を九時二〇分から九時半までの間に済ます。これでタテ・ヨコの情報の共有がスムーズに行われる。

大切なのは朝の忙しい時なので二十分間で終わらせることだ。リモート会議が行われていない会社は、直行などで全員が集まらなくても二人いれば必ず実行する。組織は二人いれば成立するので絶対に実行することが「当たり前の経営」である。基本的には前章で取り組んだ会議の当たり前を実践する。参加者は各部門長もしくは課長とし、時間厳守を鉄則にする。主題は各部門の情報交換であるから連絡は当たり前として、部門の課題、外部からの情報の交換等になる。

守るべきルールとして、「特にありません」は禁句とする。いやしくも部門の責任者が昨日一日仕事をして、何もないなどという答えはあり得ない。今までの例だと、このルールがないと、ほとんどの部署から「特にありません」という答えが返ってくる。何もないのだからお開きになる。数回するうちに一人欠け、二人欠け、いつの間にかやらなくなってしまう。

このミーティングで注意するのは、情報の質を問わないことだ。部門長ともなれば自分の中で情報の質を選択するので、自ずと制限がかかり小さくなる。情報は、人の価値観や視野の違いによって生きたり死んだりする。部門内の常識であっても、他部門にとっては新鮮であったりする。新鮮に感じることで、思わぬアイデアや発想が生まれる場合が多い。ある人にとって陳腐な情報であっても、違ったポジションの人から見ると見逃せない情報になることもある。

情報は一人で持っているよりも、多くの人が共有することで、確かになり、太くなり、チャンスが広がる。「当たり前の経営」には欠くことのできない原資である。

二十分ミーティングが浸透すると、見違えるように各部門間の交流が盛んになり、活気が出てくる。今まで他人事だった他部門の課題も身近なものになり、知恵を出し合うことによって一丸体制が出来上がる。逆に知らなかったでは済まされなくなる効用もある。情報化社会はタテ組織をヨコ組織へと変えていく。そのことは日本の社会も同じように大きな転換期を迎えていることを示唆している。

二十分ミーティングによってヨコの組織を強化する実践例

一　部門長はヨコ組織のミーティングのために自分の組織の情報を知らなければならない。結果的には、社員一人一人の情報を知らなければならないので、会議のルール通りに毎朝二十分のミーティングを行う。社員が直行の時はリモート会議を併用するので。一日も欠かすことはない。

二　九時からは社長参加のヨコ組織の部門長会議をテレビ会議で行う。最新の情報を共有できるので、ビジネスチャンスが得られやすく意思決定が速いので迅速に行動に移せる。

三　スピードが大切なクレーム対応などは、ヨコの情報の共有によって総力で解決に取り組むので、最小の被害で抑えることができる。

四　このように、タテ・ヨコの情報交換ができる仕組みはコロナ禍前でも大変有効だったが、リモート会議によって場所を選ばずできるので、全員参加が当たり前になる。資料は画面で表示できるので、格段に成果を上げることが可能になった。

五　情報の共有によってヨコの組織が強化されると会社の総力が強くなる。結果的には、社員一人一人の情報が開示され、情報を共有することによって連帯の力が生まれ、強力な会社に成長する。

第Ⅲ部

非常事態に絶対勝つ経営
～変化できる会社だけが生き残る～

IT・AI時代は強い会社が生き残るのでもなく、最も先端を行く賢い会社が生き残るのでもない。唯一生き残るのは、変化できる会社である。

――――――――― ダーウィンの名言を借りて

第16章 組織の原則が抜本的に変わる

1 時代の変化に合わなくなった組織の五原則

前章で組織の具体的な簡素化の説明をしたが、その理論的な裏付けのために「変わらざるを得ない」組織の原則について改めて触れる。

コロナ禍により、テレワークとテレビ会議が存在感を示した。人々は満員電車に乗らなくても仕事ができることがわかったし、通勤を含めて拘束されていた時間が自分で自由に使えるようになった。会議も報告・連絡・相談も、会わなくても可能なことがわかった。

情報技術を使った働き方は、コロナウイルスに関係なく、すぐそこまで来ていたが、日本人はチームで仕事をする民族なので、諸外国と比較してかなり遅れていた。何事も外圧でなければ決められない日本人だが、今回は皮肉にもウイルスの外圧によって急速に働き方は変わる。

組織のあり方も、働き方が変われば自ずと新しい組織形態が生まれるだろう。今まで以上にフラット化が進み、管理者との距離が近くなり、ピラミッド型から文鎮型に変わっていくことが予想される。会社は、その大小にかかわらず、組織によって維持され発展していくものだが、今まではほとんど自社の組織について特別の関心を払ってこなかった。

まず、仕事を動かす組織について理解し、自社を組織の観点から見直し、改革すべきところは思い切って変える努力をしなければならない。

(1)　古典的な組織管理の五原則

古典的と言っても古いという意味ではなく、長く使われてきた組織論だが、その組織自体に制度疲労が来ていることはコロナ禍によってはっきりした。改めて、教科書的組織論を読み返すことから始めたい。

●専門化の原則

「分業の原則」とも言われるが、同じ職務に分割することによって、専門の能力が向上して効率的に業務を進めることができる。部や課などの組織がこれに当たる。

●階層化の原則

分業化が進むと組織の構成員を明確な権限のもとに階層化する必要がある。このことによって部や課などの階層組織になり、ピラミッド型の組織になる。

●統制範囲の原則

一人の上司が直接管理できる部下の数には限界がある。大勢の部下がいる場合は「専門化の原則」により複数のグループに分割して、それぞれに管理者を置き、全体の管理者はそれぞれのグループの管理者を管理することになる。組織が大きくなるにつれて、その階層は増えピラミッドが高くなる。

●命令一元化の原則

一人の部下に複数の上司がいると矛盾した命令が下されるので、上司は一人でなければならない。「ワンマン・ワンボスの原則」とも言う。

●権限・責任一致の原則

職務を遂行するには、権限が与えられるとともにその職務に責任を負うことになるが、権限と責任は相応しなければならない。

情報システムが発展する以前、一部のマスコミなどを除き、ほとんどの会社はこの五原則で成り立っていた。コロナの襲来前までは組織の原則は生きており、機能していた。ところが在宅勤務が可能になった現在、「権限・責任一致の原則」以外の四原則はほとんど当てはまらないことがわかる。つまりテレワークは組織の原則と相性が悪いので、このままだと原則論は使えない。

　では、テレワークのどこが現行の原則論に合わないのかを考えてみたい。

(2) 改めて組織の定義を問う

　ここで組織について理解するために、改めて組織の定義を知る必要がある。『広辞苑』には「ある目的を達成するために、分化した役割を持つ個人や下位集団から構成される集団」とあり、目的を達成するための集団という点が骨格になっている。社会科学における組織の定義は「共通の目標を有し、目的達成のために協働で行う、何らかの手段で統制された複数の人々の行為やコミュニケーションによって構成されるシステム」である。この定義のキーワードは協働とコミュニケーションである。

　会社では「企業理念や会社を維持するために、個人が振り分けられた業を担当し、協力して仕事を行う集団」ということになる。また、アメリカの著名な経営者かつ経営学者であるC・I・バーナードは「意識的に調整された二人またはそれ以上の人々の活動や諸力のシステムである」としている。ここでは二人またはそれ以上の人々である。

　この定義からわかることはそれぞれの共通のキーワードは、「二人以上の集団」と「共に力を合わせて活動する協働」である。そのシステムをスムーズに動かすために組織の五原則がある。在宅勤務は目的の達成のために文字通り一人で働くわけだが、組織の定義は二人以上とあるので、そもそも前提から外れてくる。

目的は明白であっても、二人以上でなければ組織は成り立たない。強いて言えばテレワークは管理者と社員の二人だけのフラットな組織になる。最小限の条件は満たしたことになるが、集団とのコミュニケーションはない。いずれにしても在宅勤務は集団ではないので、組織の原則に当てはまらない事項が出てくるのはやむを得ない。

①　分業の崩壊により専門化の原則が崩れる

経団連の二〇二〇年四月二一日の調査では、コロナ禍によってテレワークの導入に取り組んでいる会社が九七・八％あり、そのうち、テレワークを実施している社員の割合は八割以上と答えた会社が三六・一％、七割以上と答えた会社が五二・四％であった。

また、同年五月二八日の『日本経済新聞』によると、主要企業一三二社への調査結果として、「テレワークを継続する」と回答した社は九〇・九％であり、対象としては六三・二％に達しているという。もちろん、あくまでも緊急避難の面もあり、ある学者によれば結局定着するのは一割ぐらいであり、四～五パーセントに止まるかもしれないとさえ言っている。

したがってどこまで定着するかは別の問題だが、一部の業務はテレワークへ移管するだろう。その結果、組織の原則も変わらざるを得ない。

歴史は繰り返す。二〇世紀初頭、F・テイラーは作業の効率的管理をするため作業時間をストップウォッチで計り、科学的管理法を確立し、標準化された作業の生産性を上げるためにマニュアルを作成した。いわゆる指図票制度である。ノルマを越えたら賃金が上がる仕組みを考え、頑張れば報われる環境を作った。作業の分業化を進めると、管理する機能が必要になり、計画を策定する部門と実行する部門を分け、専門部署を設置した。現在の職務別組織である。

このように歴史をたどってみても、産業構造が変わると即応した組織が生まれるのは当然だ。それが今現在なのだ。

例えば分業だが、それ自体今や崩壊しかかっている。今までは分業が細分化されればされるほど、業務処理に多くの部署を経由することになって、人も書類も膨大に必要になる。ところが業務に必要な知識や業務の手順をシステム化すれば、一連の業務を一人でこなせるようになる。メーカーも過去にはベルトコンベアで代表される極端な分業を行っていた。しかし現在は、ＩＴやＡＩの活用で自動化が進み、多くの工程を一人で管理することができるようになった。つまり単能工を多能工へと変えることができる。

このように同じ大量生産でも一人で多能工になると、組織の第一原則である「専門化の原則」が崩れてくる。

②　ピラミッド型組織から文鎮型組織への変化

ＩＴの活用によって、部下の活動状況を管理したり、成果を評価することが簡単になる。このことによって管理する幅を広くすることができ、幅が広がれば層を小さくすることができる。そうなると階層がいくつもあるピラミッド型組織ではなく、トップとの距離がなくなる文鎮型の組織に変化する。起業家の小企業は当たり前だが、かなり大きなＩＴ産業でも社長一人に、他の社員がフラットにぶら下がっている光景が見られる。

したがって階層の原則や統制範囲の原則は成り立たない。

③　組織の壁が崩れる

今では報告・連絡・相談をするにも、組織を越えて情報伝達ができ、同時に多くの関係者間で情報共有もできる。何か事件が起きれば、電子日報や電子掲示板などで流して応援を頼み、海外からでも共同で取り組むことが可能になる。こうなると専門家集団を集めて組織を作る重要性は薄くなる。

したがって組織の境界が不明確になり、報告を上げる先も課題によって変化する。従来の「命令一元化の原則」も崩れることになる。

2 常に不変の力を持つ「権限・責任一致の原則」

ＩＴ企業はクリエイティブがすべてであるために、個々の社員の存在が大きい。優れた人材は資産なので、新興企業の中には社員の自由がかなり保障されているところもある。彼らは組織に束縛されることを最も嫌がる人たちなので、無理に押し付けたりすると辞めてしまう恐れがある。

辞められては元も子もないので、組織としての問題は認識しながらも、目をつぶって我慢した挙句、しまいには組織の維持どころか消滅してしまう例もある。やはり会社としてしぶとく生き残るためには、彼らにも**「当たり前のことが当たり前にできる社員」**になってもらわなければならない。

先にも述べた通り、テレワークによって組織の原則も改められるだろうと思うが、会社で働く社員のための組織は、人が仕組みを作り、仕組みが利益を上げ、会社は大きくなる。仕組みの基本は今までの組織の五原則を否定するものではない。ウイルスの襲来によって、今までの企業は組織を見直さざるを得なくなったし、一方、新興の企業は改めて組織の五原則を身に着ける機会を得たのだ。

確かに、情報の発達によって仕事の仕方が変わり、仕事の仕方が変われば組織の原則が時代に合わない場合も出てくる。極端な例では、机も椅子も決めないで、ワイワイガヤガヤ、自由な発想で一人一人働いている会社がある。そのためにすべての机を円形にしたり、逆に隣が何をしているか全くわからない垣根を作ったオフィスなどがある。

「どちらが良いのか？」、この疑問に対して、テレワークはとりあえず、一つのはっきりした答えを提出した。コロナ禍が同一フロアから一人一人の家へと働きの場を移動させた。

パーティションどころではない完全なプライベートオフィスである。もうこの流れは止まらない。今までメンバーシップ型が主流だったのが、ジョブ型の組織でなければこれからの会社は動かなくなる。

ジョブ型雇用は職務を明確に規定し成果を評価しやすくする制度なので、テレワークには適している。適しているというよりもジョブ型雇用にしなければテレワークは成り立たない。その職務規定書には、具体的に業務内容や責任範囲、求められるスキルや技能、資格などの項目があるだろう。

ジョブ型はそれぞれのポストに最適な人材を配置して生産性を高める利点がある。その成果に対して達成の成否を判断する。会社はそのポストを公募して、社員が自分にふさわしい管理職ポストだと思えば応募することができる。これからの管理職は年功序列ではなく、自分の力でつかまないとなれない時代が来ているのだ。

今までのメンバーシップ型では社命によって転勤や配置転換がなされ、様々な仕事を経験していくやり方だった。しかし、職務分掌規定はあっても責任範囲が不明確なため、成果の評価がしにくく、そのことが長時間労働にもつながりやすかった。

気を付けたいのはメンバーシップ型にせよジョブ型にせよ、「権限を与えられているのに行使しない人」「権限は行使するが責任を取らない人」「権限と責任の意味を理解していない人」、こういう人たちが組織の機能を止めてしまうことだ。組織改革の前に人事の棚卸をしなければならない。「権限・責任一致の原則」を軽視する会社では生き残れないのだ。

3　蘇ったゲマインシャフトとゲゼルシャフトの発想

ドイツの社会学者F・テンニースが唱えた「ゲマインシャフト（共同体組織）とゲゼルシャフト（機能体組織）」（堺屋太一訳）の説を思い出す。まさに昭和的スタイルにどっぷり浸かっていた日本の立場がはっきりと見える。

明治以来、一応先進国並みの仕組みを整えたが、依然として日本特有の前近代的な組織が主流をなしている。つまり社会学的にいうゲマインシャフトが色濃く残っている。

「古い」とか「前近代的」とか「旧態依然」などと言うと、共同体組織そのものが間違っていたかのような錯覚を起こすが、その時代においては最適であり、その国の環境においては最強の組織だったはずである。ジャパン・アズ・ナンバーワンも、この「前近代的」組織から生まれた。

ゲマインシャフト＝共同体組織は、最小単位で捉えれば血縁関係であり、町内会、自治会、宗教団体などである。組織を自らの意志で選択したり、組織との関係を主体的に構築したりはできない。日本の終身雇用、年功序列、その賃金体系などにはゲマインシャフト的な部分が残っている。

日本企業は経済的な利益つまり賃金と「寄らば大樹の陰」的安心感、幸福感、同じ釜の飯を食べている連帯感などで成り立ってきた。その反面、自己主張は弱くなり、出る杭は打たれ、協調性が強いられ、人格や個性を否定しがちな風土が今も存在する。

一方、ゲゼルシャフト＝機能体組織は、組織自体に目的があり、その目的を実現させるために人材やその他の資源を集め、役割分担や指揮命令系統の整備を行っていく。この場合、組織は所与のものではなく、契約とルールに従って各自が役割を果たし、見合った報酬を得ることが基本となる。

経済評論家の加谷珪一氏によると、人種や性別、年齢は評価に影響せず、仕事に必要な能力を備えているのが基準になる。グローバル企業は典型的なゲゼルシャフトだが、上司も全人格的なものではなく、あくまでも機能として上司の役割を果たしているにすぎないことになる。

ここまで解説すると、ジョブ型雇用はゲゼルシャフトであり、メンバーシップ型雇用はゲマインシャフトであることがわかる。つまり百三十年も前にテンニースが唱えた理論が原点になっているのだ。

会社は利益を上げるために作られた合理的な組織であるから、本来なら完全にゲゼルシャフトであるほうが効率的なはずだ。しかし戦後の日本では、安価な労働力を武器に大量生産し、より安い製品を大量販売して経済大国になるまでの間、ゲマインシャフト的な社風が業績拡大に寄与してきた。しかし、ＩＴ化が進み、消費者のニーズが多様化した現代社会に、働き方を変えるテレワークやリモート会議が登場して、今までの情緒に頼ったゲマインシャフト的な組織だけでは機能しないことがわかってきた。

これからは仕様書と各種ルールによって組織を動かすゲゼルシャフト的なマネジメントを導入せざるを得ない。繰り返しになるが、日本はデジタル社会に入ったことを知りながら、なかなか踏み込めず人間力に依存してきた。言い換えるとデジタルよりも人間の力のほうを信頼していたとも言える。日本の生産性が低い原因は働き方にあることも度々指摘されてきたが、変わることができなかった。

今回の危機をプラスに変えてゲゼルシャフト的な組織を取り入れよう。日本人は賢い国民

だから、ひとたび理解すれば立ちどころに遅れを取り戻すことはできる。

もちろん、今までのあり方のすべてを否定することはない。ゲマインシャフトは間違いなく日本の組織の原動力でもあった。今どきの若い起業家の発想などはすでに多分にゲゼルシャフト的かもしれないが、人間を大切にするゲマインシャフトの力も取り入れていかなければならない。それでこそ日本企業は日本らしいユニークな強さを発揮することができると信じている。

第17章 人事評価の見直しと成果主義の導入

1 なぜ成果主義は広がらなかったのか

コロナ禍によって働き方改革は急速に進む。しかし、働いてもらう企業の側の「働かせ方改革」は一向に進まない。働き方と働かせ方、両方の改革があって初めて成り立つことは言うまでもない。

その基準になるものは成果主義である。

成果主義の導入が叫ばれ出したのは一九九〇年代初めのバブル崩壊後だった。その後も、一九九七年の金融危機や二〇〇〇年代初めのＩＴバブル崩壊など、企業業績が悪化するたびに年功賃金見直しの機運が高まった。デジタル化とグローバル化が進展することによって、成果主義への関心が再び高まった。それでも日本企業では依然として年功を加味した報酬の考え方が根強い。

成果主義を積極的に取り入れた企業も多いが、なかなか成功したとは言いがたい。なぜ定着しないのか、その原因を探ることが今後の参考になるはずだ。

●導入のための綿密な準備を怠った

人の評価基準を変えることは人間の生活に関わる重大な問題だが、理論的な論議だけで導入を決めてスタートしてしまうと、まず社員が動揺して混乱のもとになる。

なぜ導入するのか、その評価基準はどのようなものか、いつから導入し、どのような形で運用し、評価担当者は誰なのかなど、きめ細かく説明しなければならない。今回、多くの企業がテレワークに飛びついた。非常事態の応急処置なのでやむを得ないが、本来は綿密な準備が求められるところだ。

●社員の意見を取り入れなかった

働く主役は社員であるから、労働組合が介入してくるのは当然としても、そのような枠ではなく個人として、あるいは自分の与えられている業務について、個別の意見や要望を聞く機会を設けなければならない。個人にとって大きな変革であるから彼らが納得の行くスタートを切ることが大切になる。

●評価基準を明確にしていない

この原因がすべてと言ってもよい。この場合、評価する側の当事者が理解していないことになるので、この段階で取り入れても成功するはずがない。逆に今まで良かった組織の利点を壊し、会社全体のモチベーションを下げる最悪の結果になる。このことはテレワークでも同じことが言える。

●成果だけを、あるいは減点方式を強調してしまった

評価基準の最も明確な指標が成果なので取り入れやすい。また、減点主義も失敗した事象を故意に見つけ出そうとする。前者は目標や業績の達成率に重きを置くので、意図的に目標設定を低くする社員が出てくる。後者に至っては一度ミスを犯すと二度と浮上させない会社があるが、結局社員の挑戦意欲や向上心を阻害する場合がある。

一時、目標管理制度を多くの会社が導入したが、目標そのものの立て方の段階で適切な対応ができず普及しなかった。

人事制度の失敗は非常に影響が大きく、社内の雰囲気が悪くなるし、場合によっては離職率が上がる。**テレワークが普及するので導入は避けて通れないが、単なる風に流されないように、会社の業態や体質・体力など、多様な観点から慎重に検討して取り入れなければならない。**

失敗を回避するための基本的考え方は、以下の通りだ。

●目的を明確にする

改革や改善を行う際、突然結論から入る会社が多い。大本営発表であり、有無を言わせないやり方だ。しかし、なぜするのか根本的な理由がわからないと混乱のもとになる。社員に理解を求め意見を反映させながら、自社に合う仕組みを構築していくことが大切だ。この段階で社員を参加させることによって、できるだけ多くの同調者をつくる仕掛けづくりも考えなければならない。

●評価基準を公正にする

成果主義による人事評価は、評価基準が公正でなければならない。そのためには評価能力を高めるトレーニングが必要になる。複数の評価者が同一の基準で評価を行うために、その会社が目指す方向性と評価意識や基準を統一しておかなければならない。特に担当者の個人的な感情や主観によって左右されると、相対的評価による日本的経営のほうが公平だったということにもなりかねない。かなりの時間を割いて実例を通したトレーニングを評価担当者に施すことが欠かせない。

先にも触れたように、日本の経済成長は「やりがいのある仕事」を与えることが、報酬の一部として生産性を生んできた。人のやりがいや共生・協働の喜びを無視して、給料の上げ下げだけ行っても、うまくいくわけはない。

こうした考えは成果主義を導入する上で極めて有用であり、要は社員自身が成長を実感できる環境をつくれるかどうかである。

2　相互の甘えの構造は許されない

経営者も社員もコロナ禍によって、会社の価値観、働く価値観などその立ち位置によって考えさせられたと思う。世の中が変わる、会社が変わる、働き方が変わる、価値観が変わる。ただ単に変わるのではなく両者ともについていけるだろうかという一抹の不安を覚える。

一番大きな変化は、世界がネット社会の中に組み込まれていたことである。気が付いた時には浦島太郎状態で、それだけでも焦りを覚えた。つい先ごろまで、会社へ行かず家で仕事をすることなど誰が想像しただろうか。

大企業に入社した人は、ひとたび会社との縁ができれば、定年まで面倒を見てもらえることを当たり前としていた。会社は家族であり、**「ゆりかごから墓場まで」**社員の面倒を見るのが前提だった。社員は見返りとして忠誠心を持ち、会社との絆を大切にして働いた。このギブ＆テイクが日本の生産性を上げる大きな原動力になった。したがって、会社と社員は持ちつ持たれつで支え合ってきたので、必然的に甘えの構造が出来上がった。

この構造がＩＴ社会の到来で崩壊しつつある。社内でも上司と部下のタテ組織に守られていたのが、テレワークやウェブ会議によって、個々に引き離されてしまう状況にある。会社がセーフティネットの役割を降りた時から、甘えたくても甘えられない、頼れない状態が生まれた。こうして甘えの構造は崩壊していく。

しかし、欧米のように契約社会になじんでいないので、自己の確立が未成熟である中で、コロナ禍によって再び成果主義が取り上げられるようになった。

会社も社員も乳離れ子離れができないので、混沌として混乱した時期がしばらく続くかもしれないが、取り入れなければ経営ができない状況にある。待ったなしだ。

3　成功のキーワードは公正で透明性のある評価

●上司の力が成功のカギを握る

年功序列で上司になった人にとってはつらい試練である。語弊があるが、今までは感情の導入が許される相対的な評価だったので、賞与などの査定会などで多少の不公平感があってもリーダーの声の大きさで決定できた。成果主義は社員の成果を見極めることだが、その前に彼自身を知らなければならない。「君の経験であれば、このくらいの仕事をしなければ」「今期は君の腕を見込んでこんな技能を伸ばそう」など、初期の面談で方向性を明示して理解させなければならない。

●社員が自ら学ぶ環境を用意する

成果を個人に求めるなら、会社には彼らがスキルを伸ばせるよう支援する義務がある。ここでも甘えの構造と言われかねないが、いきなり突き放して「学習意欲のない者は去れ」と言っても始まらない。例えば教育はタテ組織ではなく、職種ごとのヨコの部門で、高い専門性を備えた社員の助言や教えを受けられる場を設ける。違う職場の人材から刺激を受けられる、あるいは新しいスキルに関心を持つチャンスになる仕組みである。

●希望する仕事に移れる機会をつくる

例えば社内公募で、空いたポジションを社内で募集する。日本の社員はタテ組織の中で働くことが多いため、与えられた仕事を全うすることが誠意のように思われている。これからは業務自体の専門性に特化した人員配置が求められるので、一律の処遇はあり得ない。

学ぶ機会を与え、自分のキャリアは自分で磨く社員を作っていかなければならない。ポジションごとに職務を明確にして最適な人材を充てる。そして仕事の遂行能力や実績に応じて処遇する「ジョブ型」の人事制度である。

経団連では二〇二〇年の春季労使交渉で、日本型雇用制度を重点課題として挙げたが、優秀な人材の流失を防ぎ、企業の国際競争力を高めるにはジョブ型が効果的だと指摘していた。

●最後は評価

私があるクライアント社で行った成功例を紹介する。

期初に一人一人面談で目標を明確にしておくことが前提である。査定するにあたり、あらかじめ社員に同一の査定項目に従って自己採点をしてもらい、上司の査定と交換する。その比較について話し合うとお互いに納得する。結果は双方大変好評で、公平性と透明性の二つの機能を果たしていて満足の行くものだった。

余談になるが、自己採点では社員の八割で上司の査定よりも高い結果が出たが、それも業績が悪い社員ほど自己評価が高くなる傾向がはっきりしていた。彼らの感想は一様に「こんなに悪いですか！」「原因を聞いてよくわかりました」であった。つまり、自分で自分を客観的に判断できないから、成果が得られないという当然の結果である。

第18章 本来のリストラクチャリング

1 滅多にできない撤退の決断

社長の多年の懸案の中には、不採算会社や不振部門の売却・撤退など大ナタを振るいたいのはやまやまだが、担当役員や担当者の面子、業界など周囲の目を気にして事業を温存せざるを得ないで悩んでいるケースがある。彼らとのしがらみの中で切るに切れず、ずるずる不採算部門を引きずっている会社は多い。人を大切にする余りの最も不合理な経営だが、ちょっと余裕のある会社には珍しいことではない。

株をやっている人は体験済みと思うが、買う時は必ず上がると信念をもって買うが、期待に反して株価が下がってくると、損失を確定することが怖くなり、きっと戻るだろうと言い聞かせて持っている。どんどん下がり続けるとますます売れなくなり、塩漬けになってしまう。見切り千両の言葉通り、経営も撤退の判断が遅れれば遅れるほど再起不能に陥り、屋台骨までぐらついてくる。

問題は見切るタイミングだ。早ければ早いほど損失が少なくて済むので良いに違いないが、平時には判断が難しい。コロナ禍の今こそ周囲の抵抗勢力や世間の目を気にしなくても納得させられる絶好の時である。

勇気ある撤退は社長の力量である。

赤字は出していないが、後継者がいないなどの理由で悩んでいる社長も多いはずだ。コロナ禍が後押しして、この際、継続を断念して売却する選択肢もある。

売却するメリットには、

・後継者がいなくても事業を承継できる。
・資産価値があれば相応した金額で売却できるので安泰だ。
・従業員ごと引き継いでもらえば労働問題が起きない。
・赤字部門であれば譲渡益が出た上に体質が改善される。

などが考えられる。とにかくこの機を逃してはならない。

2　今がお買い得の買収の決断

以前から会社の売り買いも盛んになっていたが、特にコロナ禍は時代の変わり目なので、企業の買収には絶好のチャンスだ。

後継者不在、資金不足、人手不足などで継続を断念する会社が増えるので、M&Aによって思いのほか良い会社を安く買収できる可能性が高い。資産価値は顧客も含めて数字で表されるが、社員の価値は数値化できないので、とかく見逃しがちになる。むしろ社員のほうがお買い得の場合も多いので、判断基準に人材を加えなければならない。

買収する側のメリットは、

・効率良く事業を強化できる。同業他社を買収することによってエリアの拡大を図ることができる。事業を育てるにはヒト・モノ・カネが要るが、その他に「時間」がある。M&Aなら費用だけですむので、良いパートナーに巡り合えばこれほどラッキーなことはない。

・新規事業を立ち上げるには時間とコストがかかる上に成功するとは限らない。しかし、M&Aで既存の事業を買収すれば、ヒトも顧客も評価の対象になっているので低リスクでスタートできる。

・多くの企業は人ではなく人材を求めているが、集めても集まらないし、育ててもなかなか育たない。M&Aで買収すれば、効率良く優秀なあるいは経験豊かな人材や有効なノウハウを手に入れることができる。

その他、合併、統合、吸収、分割、資本提携等、様々あるので用途に合わせて検討する時でもある。買収の場合は社員がやる気になっているので賛同が得られやすいが、どちらの選択にしろ、**やはり最後は鶴の一声、社長の勇気ある決断である。**

第19章 九九％失敗する意識改革も今なら九九％成功する

1 平時の意識改革は九九％失敗する

今こそ日ごろ悩んでいた役員や社員の意識改革に挑戦する時だ。私はコンサルタントという職業柄、クライアントの意識改革は避けて通れないが、あまり使いたくない言葉である。その理由は、意識改革は九九％成功しないからである。

私が「あなた方の会社はコスト意識に目覚めなければなりません。このままだと生き残れないかもしれません」と言う。傍らの社長が深くうなずく。社員たちは心から「そう言われてみれば無意識のうちにムダが多いなあ」と素直に同調する。社長が同じことを言っても説教に聞こえるが、第三者の私が言うと尤もに聞こえるのか、幹部はじめ社員も真剣にうなずく。社長は社員の同意が得られたので意識改革ができたと満足する。

ところが翌月になっても相変わらず何も変わっていないので、今度は社長が声を大にして怒鳴る。その繰り返しで、そのうちに皆忘れてしまい意識さえしなくなる。大方このような経過をたどり意識改革は掛け声だけで失敗に終わってしまう。その原因は明白だ。私や社長がいくら「生き残れない」と言っても、現在こうして生きているからである。

「生き残れない」は単なる脅しなので、会社は今日も明日も存在する。先にも触れた通り、社長と役員、社員が同じ土俵に上がっていないのだから、どんなに雄弁に説得しても、実行までに行かないうちに頓挫してしまうのは当たり前だった。このような挫折を通して悟ったのは、平時の場合、理解することと実行することは別次元の問題であり、心底から共有できるなどとは期待しないほうがよいということだ。

2　危機感を共有できる今こそ千載一遇のチャンス

私が今まで実行してきた意識改革は、やらざるを得ない仕組みを作り、そのシステムの中でできるまで何回もやらせ、習慣にしてしまうことだった。例えば購買予算が計画通りでないのに支払伝票を回したら、その段階で経理がストップし、原因を究明し改善策が出るまで支払いを猶予する。精神論ではなく仕組みやシステムをつくって「繰り返し」という強制力でやらなければならない。

ここまで忍耐力をもって気の遠くなるような努力をしなければ、集団でコスト意識を持つなどということは絵に描いた餅にすぎない。コロナ禍によって滅多にない危機感の共有ができた。共有ができた理由は「会社の存亡に関わる危機」だったからだ。そのために迅速な「陣容の立て直し」をして、できるだけ早く復興させ黒字化しなければならない。

ピンチをチャンスに変えて、会社のリストラクチャリング（再構築）を行う。長年にわたり改革できなかった会社の体質や課題、全社的な生産性の向上、顧客の棚卸、ＩＴの導入と働き方改革、それに伴う人事評価の見直しなど、懸案事項が今回のコロナ禍によってはっきり見えてきた。

わかっただけでなく、社員と危機感の共有もできるので、実行がより可能になる。この絶好の機会を捉えて強靭な体質に変えることによって、確実に黒字化できる会社にする。

「禍を転じて福と為す」と言うが、ピンチはチャンスである以前にピンチそのものなのだ。この不幸はほとんどの企業を襲い、打撃を与えた。たとえ直撃は免れたとしても、経済全体の危機があなたを見逃してはくれない。

飛躍の好機と捉えるか、あきらめるか、ボーっと手をこまねいて自然に収まるのを待つか、すべてあなた次第だ。幸運にもあなたの会社が旧態依然のまま元の状態に戻れたとしても、次の世界はかなり過酷なものになることは間違いない。二次感染ではないが、その時は再び生存の危機に見舞われる恐れがある。

ピンチにおいてこそ知は力であり、その行動は「やるしかない」。それも「鉄は熱いうち

に打て」の言葉の通り、危機感の共有ができている今をおいてない。そんなに時間はないのだ。そのキーワードは「迅速」にして「徹底」である。

3　私がチャレンジした「一〇〇%成功する意識改革」

従来の「意識改革」は、精神訓話→教育→意識の変化を期待→行動→成果。
意識が行動を伴わないため、ほとんど成功しない。
正しい「意識改革」は、やらざるを得ない仕組みを作る→ルール化→行動→継続→習慣→精神に浸透→意識の変化
意識改革に成功するための方程式は、従来の精神論を否定し、やらざるを得ない仕組みを作り、習慣になるまで継続させることによって精神に浸透し、意識は変わる。つまり個々の当たり前の業務の改善に成功すれば、自ずと意識は改革される。

ある会社の購買担当者の例である。
プロジェクトの責任者が、ある購買が予算をオーバーしていることに気付いた。早速購買担当者を呼んで、「オーバーした原因」を即座に探り当て、合わせて「対応策」を出すよう

に命じた。ところが、なかなか明快な回答が出てこない。こんな時は支払伝票が回ってきても承認しないことだ。

支払いをストップされると、担当者としては信用問題になるので、初めて「予算は守らなければならない」ということを体感する。

これが従来のように、誰からもチェックをされず当然のこととして「支払われてしまう」と、「どうしてこんなに予算と違ったんだ！」と叫んでみても後の祭りで、「次回から予算管理を厳しくして頑張ろう！」とお題目を並べてみても、また繰り返すのがオチである。挙句の果ては「予算は破られるためにある」と開き直って終わってしまう。

「支払いをストップする」という強硬手段をとることで、一人一人が体感を養い、予算に対するシビアな認識を持つようになる。聞いてみれば当たり前のことだが、これに気が付く会社は少ない。

まず、予算管理の責任者を決め、業務の進行中に予算との対比をチェックさせる。大企業の場合は監査機関があるが、すべて終わった後の監査であって、これでは中小企業にとって意味がない。中小企業は今現在の予算が守られなければ、結果が出た後で反省してみても始まらないからだ。

ひどい場合は支払いをストップできる権限を与える。このような仕組みが定着すると会社に緊張感が生まれ、自然に意識改革は進むようになる。ところが世間一般の常識に従って「予算を守ろう」「原価意識を持とう」といった精神訓話から入ると、相当理解力や克己心のある社員が集まっている会社でもほとんど浸透しない。

ましてや人材の乏しい中小企業にとって文字通り「時は金なり」で、百年河清を待つわけにはいかない。決めたルールに従わない限り、次のステップに進めないシステムを作り、その中へ追い込んでしまうことによって習慣になれば、いつの間にか意識改革はなされている。

ここでは業務の途中に数回のチェックという関門を設け、軌道修正をしていくシステムを作ると、予算の通りの結果が期待できる。利益計画を達成させるためには「目標を日常の行動に直結させ、常に社員の意識にとどめ」、「行動に起こして実績を上げたら、必ずチェックをし、対策を指示する」。

成果を上げる決め手は、「やったか」「やったか」「誰がいつまでにするのか」の繰り返しである。情報を集めることには熱心だが、集めた情報を開示させて共有することまでしないのと同じである。出口をしっかり締めないから、画竜点睛を欠くのである。世界の京セラを生み育てた稲盛和夫さんは、意識改革について次のようなことを言っている。

「新しいことを浸透させようとすれば、それが行動として定着するようになるまでに、来る日も来る日も繰り返し右の脳にインプットして六十日間かかる」

「言い換えれば全く新しい意識を植え付けようとするなら、六十回ぐらい言って聞かせないと浸透しないものだ」

大企業といえども悩みは五十歩百歩で大して差はないことがわかる。稲盛さんは「新しいことをやるためには六十回ぐらい言わなければできない」と言ったが、その後日本航空の再建に関わり、今までの親方日の丸意識を変えて三年足らずで再上場を果たした。その成功の理由は、社員が倒産という極限状態を体験したことによって危機感を共有できたからだと推測する。逆に言えば「親方日の丸意識」などは重症であるから、平時であれば誰がやっても変えることはできない。

皮肉を言うつもりはないが、恐らく日航の意識改革は六十回も言わなくても成功したに違いない。それは倒産によって文字通り「生き残れるかどうか」の崖っぷちまで追い詰められたからである。

そもそもナショナルブランドのおかげで国が助けてくれたのであり、普通の企業なら自己責任の名のもとに消えていただろう。やはり今、再びコロナ禍によって巨額の赤字が出ているが、ＪＡＬは構造的に親方日の丸の会社であることには変わりがない。

「禍を転じて福と為す」で、こんなチャンスは滅多にない。成功確率が高いのは、個々の社員自身が「不安」を抱えているからだ。百の説法も必要がなく、相当な荒療治でも文字通り「生き残り」を掲げて、あとは断行するのみである。意識改革をするなら今しかない。説教や威嚇や脅しは、いたずらに不安をあおるだけで実行・実現にはつながらない。最も難しい「社員の共感を得る」という過程は要らないので、目標をはっきり打ち出し、実行スケジュールを立て、徹底的にフォローする。

ここでは共感＝和であり、チームワークであるから、その素地のもとで納得さえ得られればＯＫだ。あとは徹底することによって習慣になり、身に着けることによって意識は変わる。社員が変われば会社の意識改革は成功するのである。

千載一遇のチャンスをつぶしてはならない。

第20章 コロナ禍が残した日本の課題

1 自粛という精神論が生きていた

コロナの戦いは国によって違っていた。日本では四月から五月までの二か月間、外出を控えるようにという要請があった。つまりお願いであり、守らなくても別に罰則はない。徹頭徹尾、自粛の要請だった。

中国では八万人の感染者が出たと報道された翌日からぴたりと止まってしまった。当初は検査をすることを放棄してしまい、成り行き任せにしたので実数がわからなくなったとさえ思った。ところが手品のように本当にウイルスのほうが封じ込められてしまったらしい。新聞の報道だが、感染地区のロックダウンは徹底しており、都市全体からの出入りを禁止、それでも従わなければ玄関の戸を溶接して家に閉じ込める。日本で話題になった麻雀は、中国では卓を壊したとさえ報じている。

インドでは違反者にきついスクワットをさせたり、棒で叩いたりする。ケニアでは催涙ガスを使い、フィリピンでは「出ると撃つぞ」と言う。イギリスでは罰金付きの厳しい外出禁止令。シンガポールでは携帯電話の位置情報を集め、感染者との接触を追跡してアラームを出す。韓国は一日十万個も検査キットを作り、ドライブスルー検査を実施。台湾は携帯アプリで待機中の人を監視するシステムを導入して守ったそうだ。

ところで、わが愛する日本は、ご承知の通り検査も監視もしないで人々の自ら控える自主性と協調性という精神力で守ったことになる。もちろん日本の医療のレベルの高さや献身的な努力があったことは言うまでもないが、それも自助努力の範疇に入れるとすると、「強権」と「自由」の戦いに勝ったとも言える。尤もワクチンが開発されていない現在、第二波、第三波が猛威を振るうかもしれないので、あくまでも現時点の話である。

しかし気になるのは、**諸外国が近代兵器を使いこなしていたのに、わが国では昔ながらの竹槍方式だったことだ。**

2　アフターコロナの覚悟

法的面も含めて、一周はおろか場合によっては二周ぐらい遅れていることがわかったが、遅れた理由は何か、ここでは先に進むために触れておかなければならない事項を挙げておく。

●自粛に見るように強制権を持たない約束事が多い。その典型的な例がマイナンバーだ。未だにカード化された割合は二割にも満たない。そのために行政の手続きは遅々として進まず、全国民への給付金は五月二六日に開始されたが、東京や大阪では八月になっても給付金が届かない。こんなことは諸外国から見ると信じられない後進国に位置付けられる。自由の国、良い国、住みよい国だけでよいのだろうか。

●起業家に対する理解度が低い。安定・安全志向が強く、未知のものに対して臆病で、いまだにメガバンクでさえ、担保至上主義から抜けられない。アメリカと比較するとベンチャー企業に対する価値観や投資額において桁違いの差がある。そもそもの国の成り立ちに関係があるので軽々に断ずることはできないが、変わらなければ国自体が衰退に向かうだろう。

●ITを国の政策課題にすることが遅れた。日本は基本的に自由な国家なので、産業の育成に関して国の政策に取り入れられるまでに時間がかかる。結局、急激な変化に対応できない国であることを露呈した。

●日本では様々な問題はあっても世界と比較すれば消費者はお金を持っているし、相互の信頼性もある。大方は国内でそこそこ稼げるので、あえて冒険をしたり海外へ出る必要もない。つまり自前で足りるのだ。しかし、この考え方はあまりにも楽観的すぎ、ウサギとカメではないが、太平楽を貪っている間に近隣諸国ははるか彼方に行ってしまっていた。

●アメリカの核の傘の下にいるので危機感がない。したがって情報技術も最優先ではなかった。その点、韓国はいつ侵略してくるかわからない同胞の北朝鮮があり、隣人の中国を怒らせるわけにはいかない、フィリピンは中国とアメリカの狭間で生きなければならないし、台湾は巨大な中国に飲み込まれまいと防衛本能が働く。その点、日本は世界の超大国アメリカだけしか選択の余地がなかったので迷うことがなかった。したがって既存の技術に依存していればよかった。

●中国は一党独裁国家のため十四億の民を自由に統治するのにＡＩやＩＴ化は好都合だった。つまりＡＩやＩＴの進化がなければ今の中国の発展はなかったと言える。

●日本の英語教育が実用的ではなかった。ベトナムやフィリピンといった東南アジアの人々のほうが貧しいだけに、好むと好まざるとにかかわらず国際化せざるを得なかった。

●アメリカは世界中から人材を集めるが、日本は基本的に同胞主義であり自国から集める。実情は世界から人材を集めたいが、国内に英語を話せる人材が少ないので海外の人材を使いこなせない。その結果、自前でやろうとする。

●ＩＴの世界の最新スキルと有益な情報は大半が英語で流通しており、日本人がこれに瞬時にアクセスすることは難しい。

●人的資源には恵まれているのに日本の生産性が低い原因の一つとして、職場や自宅でコンピューターを使わない労働者が先進国に比べて多いことが挙げられている。未だに手でやったほうが早いと思っている人が多い。卑近な例として、クレジットカードで買い物をする時にサインを要求されることもそうだ。そもそもクレジットと名前がついているのに、まだ信用できないというのだろうか。これではお金にサインしろと言っているようなもので、日本中で誰かがサインしている時間を総計したら大変な時間をムダに費やしていることがわかるだろう。確かに支払ったことを証明するためだとは思うが、まさにハンコ文化の延長線上にあるのかもしれない（日本人は自国の通貨を信用しているので現金が主流であったが、コロナ禍によって現金比率は低くなったと聞いている）。

●最も大切な教育にＩＴ投資をしてこなかった。今回のコロナで大きな損失の一つに学校閉鎖があった。できたことは紙文化のプリント配布が主流の宿題形式だった。他の国はオンライン教育が当たり前なので先生と生徒がじかに会話できるシステムで遅れを取り戻している。これは予想もしない大きなショックだった。日本では知恵に対する対価が低い。例えば会社でＩＴ化しようとすれば、その担当になった人は、あくまでもスタッフであり中枢のトップにはなれない。彼の管理者である部長は何の特殊技能も持たないホワイトカラーのサラリーマンだ。そろそろ人材に対する価値観を変えよう。このままでは変化に対応できる戦力が育たない。

第21章 IT・AI時代とどのように折り合っていくのか

1 会社はITやAIに振り回されるな

ITやAIの威力は国家の覇権を争う中核になったが、当然ビジネスの社会では産業構造を変えるイノベーションである。

ITやAIは記憶力と計算能力を持ち、膨大な量の情報を学習する能力も持っている。今や万能の神のごとく扱われているが、大量のデータがないと正確な答えが出せない。イノベーションを起こせない。カリスマ性やスター性がない。人の心を動かせない。

少し前であれば、人間の持つ意志や感情や常識はないし、自ら提起する問題意識や前に踏み出す主体的な力、あるいはチームで動く協調性や規律性などもない。また、一番大切な創造性やコミュニケーション力もないと考えていたが、どうも人間の持っている五感をセンサーで読み取ることができるようになれば、必ずしも弱点ではなくなるかもしれない。

あまり悲観的に考えても意味がない。今までも価値観を変える変革が起きては社会を変えていったが、その度に人間の存在感がなくなることはなく、むしろ人間の関わる領域は深くなり、広くさえなってきた。つまり、ＩＴやＡＩを動かすのも利用するのも人間なのだ。

マネジメントにおいては、今でもそれぞれの専門分野では最前線の社員が腕を磨かれるので、上司よりも部下のほうが知識を持っているのが普通だ。しかし、できる上司は部下を適材適所で使い、優れた力を引き出す。

ＡＩの発達によって、働き方一つとっても在宅勤務やフレックスタイム、あるいは副業など多様化していく。管理不在のフラット組織が増えていくと、そもそもの組織力を欠いた企業では進化が一定のところで止まり、やがて組織を維持できなくなって崩壊の道をたどるだろう。

2　しぶとく生き残るために「個の確立」を

文明が変わる時はまず仕組みが変わり、その後、国民がその仕組みの中で変わらざるを得なくなるというプロセスをたどる。

激変する環境になじむことができない場合は、アウトサイダーになるか格差社会の波に飲み込まれていくかだ。ダーウィンの言葉を出すまでもなく、環境に適応できなければ生き残れない。会社もこの非常事態に絶対負けない体質を作らなければならないと同時に、働く我々もＩＴ・ＡＩ社会に絶対負けない人間になることが必要なのだ。

そのためには心の安定を得て自分をしっかり保つことだ。以下は私見だが、読者の皆さんにもそれぞれの価値観のもとに自己を確立していただきたい。

(1)　自己の確立とは

・自分の人生をあるがままに見つめることができる。
・自分の見解を曲げることがない。つまり価値観がぶれない。
・他人の意見に耳を傾ける余裕を持っている。
・仕事が楽しく、時には仕事と遊びの垣根がなくなる。
・柔軟で開放的な思考ができる。したがって人の思惑を恐れない。
・自分が好きである。
・他人を助けることの中に自分の喜びがある。
・自己の運命をある程度客観的に見ることができ、時にはコントロールすることさえできる。
そこまでの境地は凡人には無理でも、いざという時に慌てふためかないぐらいの危機感を常に持ちたい。

自己を実現することができる人は、心理的に自由だ。他人と衝突しても自分で解決する力がある。

(2)　心の安定

・自己の実現は自己を確立することから始まる。
・自己の確立とは、自分を見つめ、自分が真にやりたいと思うことをやることをいう。
・自己の確立は他人との比較ではなく、過去の自分との比較によってなされる。
・自分の内面から出た使命感の欲求を行動に移すことができた時、自己実現は成る。
・自己実現は自分の持てる力を最大限に発揮したいという欲求である。
・自己実現は、自己を見つめ探求することである。
・自己とは何か、それが出発点である。
・自己を探求することが己自身に対する革新の始まりである。

3　社長は「利己利他の精神」で

平時であっても、会社の利益が思うように上がらなければ、社長は胃が痛くなるほど悩み、隆盛すればしたで、このまま続くとは思えず不安感が付きまとう。まして、今のようにウイルスという厄災に遭遇すると、一人の人間の力ではいかんともしがたく、その心中は察するにあまりある。

それでも社長は受けて立たなければならない。自然災害であればその一瞬で結果は出るので、後の対策の立てようもあるが、コロナ禍は戦争による非常事態と同じで、ワクチンが開発されるまでいつ収束するかわからない。先の見通しが立たないので大きな戦略や戦術は立てにくいが、平時には気が付かなかった会社の盲点あるいは弱点を徹底的に追及することが社長に課せられた仕事ではないか。

社長の役割を一言で言えば、社員を夢に駆り立て、夢を社員に語り、社員と共有することである。今共有できるのは危機感だが、この非常事態を乗り越えた先の夢を持ち続ける力が望まれている。常に前に向かって前進することが社長の力量であり、大きさなのだ。夢を失った時、会社はこの試練に耐えられない。

それでも時には「俺はなぜこんな苦労をしなければならないのか?」と思うこともあるに違いない。

「忘己利他の精神」という言葉がある。自分を犠牲にして他人の幸せを優先するという意味であり、倫理学上の一説である。よく経営者のあり方として説く人がいるが、経営者はあくまでも利益を出すことが使命であるから、ボランティアではない。

利己と利他を対比して論じたり、利己と利他を引き離して解説している書があるが、私は会社を経営する社長には「利己利他の精神」がふさわしいと思っている。会社を含めて自分を利して、他人にも利するという意味である。

会社を興した時点ですでにステークホルダー、つまり利害関係者が生まれる。具体的には、社員、消費者、株主、債権者、仕入先、得意先、地域社会、国などである。これらの他人を利する気持ちがなければ経営者の資質がないし、それをするためにも自社がしっかり稼がなくてはいけない。

おわりに～どんな時でも人間尊重を心に置く～

非常時にどうしたら生き残ることができるか、そのための方策を具体的に書いてきましたが、ここまで触れずに来た重大な要件が残っています。

今回のようにコロナ禍によって客足が減って売り上げが落ちる、今まで十人必要だった社員は七人で十分足りる。三人はコストダウンの対象になる。

あなたは誰を対象にしますか、あなたは何を基準に選びますか？

コロナ禍のように人知ではいかんともしがたい場合、会社自体が生き残るためには手段を選んではいられません。私自身同じ人間として「人を大切に」とは思います。内心忸怩たるものがありますが、本書では延命措置を受けている会社は除外せざるを得ません。誰を対象にするか、それ以前に「危急存亡のとき」には人減らしそのものを避けて通れないからです。

平時の場合、「コストを下げる」という課題を与えられると、諸経費の節減から始まり、遊休固定資産の廃棄ないしは活用、十人でしていた仕事を七人でする効率化による人減らし、OA機器による省力化、仕事の仕組みや合理化による効率化、最後は問答無用の現状の採算分岐点に達するまで人を含めて諸費用のカット、製品、資材、資金、設備、すべての棚卸で対応してきました。

しかし、**非常事態で最も大切なものは「人」です。**言うまでもなく「**企業は人なり、つまり社員」です。**社員の実態、社員の仕事の棚卸を真剣にやることこそ、人間尊重の第一歩です。それをどんぶり勘定的な感覚で処理してはならないと思います。

コロナ禍に負けない会社は、人の実態をどこまで正しく把握しているか、その度合いが人間尊重の尺度であると言えますが、その実態を測る物差しによって答えは変わってきますので正解はありません。それだけにあなたの会社で人間にふさわしい仕事ができるように改善・改革をしていくことが第一です。

そうであれば部下を持つリーダーは、日ごろ疑問にも思っていなかった現在の仕事に対して徹底的に実態を把握する義務があります。そして部下が持っている能力を活かし、更に能力の向上ができるように導くことが、コロナ禍における上司の責務でもあると思います。

アフターコロナの世界を、非正規雇用の増加、テレワークによる労働時間の切り売り、それを可能にする副業の解禁などが後押しします。その後に来るものはＡＩによる人間に代わる代行業務です。国をはじめとして社会も会社も組織すべての仕組みが変わります。経営者の選択肢は増える一方ですが、一般の人間の選択肢はどんどん少なくなるでしょう。逆に個々人の能力が伸びる時代が来て、人材は貴重な存在として厚遇されるようになります。そこには当然、格差社会が広がり、今よりも一層生きにくい日本になります。

管理する側にも管理される側にもつらい時代がやってきます。その時、日本的経営の良さが身に染みてわかる日が来るでしょう。しかし、単なる回顧やノスタルジーに終わらせないで、今すぐ明日のための会社作りを開始していただきたいと思います。

いかなる改革も「人の尊重」を常に頭に置いて取り組まれるように期待しています。その時に、私の体験が少しでもお役に立てば幸いです。

故・服部明先生（日本能率協会元会長）が三十四年前に書かれた『業務改善50の鉄則』は私のコンサルティングのバイブルです。月日はたちましたが、デジタル時代の今だからこそ有益な示唆に満ちています。私が第8章で書いたコストダウンについての論考には、服部先生の教えが生きていることを申し添えます。

最後に、私が二十年前に経営コンサルタントとして独立した時に、同友館の編集者の脇坂さんにお世話になり、初めて『当たり前から始めてみよう！　プラス思考の社長学』を出版することができました。二十年後の今、再び同友館の脇坂社長のお世話で、コロナ禍の非常事態の中、この書籍を出版できることになりました。長いご縁をいただき大変お世話になり、改めて御礼を申し上げます。

●著者略歴

児島 保彦（こじま やすひこ）

経営コンサルタント・中小企業診断士。

1937年、長野県千曲市生まれ。1961年、早稲田大学商学部卒業。住友大阪セメント常務取締役を経て、1995年、オーシー建材工業社長に就任。赤字会社だった同社をわずか半年で黒字に転換。退任後、65歳で経営コンサルタントを開業、有限会社 祥を設立。私のコンサルタントとしての信条は、クライアントに対する実績がすべてです。

三井住友銀行グループSMBCコンサルティング、日本経営合理化協会、大阪商工会議所他講師を歴任。清泉女学院短期大学兼任講師、信越放送「儲かる会社の必勝法」のコメンテーターも務めた。

著書に、『"当たり前"から始めてみよう　プラス思考の社長学』『本当は面白い戦略的出世術』（同友館）、『中小企業が絶対黒字化できる仕組み』（CCCメディアハウス）、『儲かる会社は人が1割、仕組みが9割』（ダイヤモンド社）、他がある。

住所：〒387-0006 長野県千曲市粟佐 1353

携帯電話：090-7104-6677

メールアドレス：chikuma-yk@at.wakwak.com

2020年11月20日　第1刷発行

非常事態に絶対負けない経営

©著　者　児島保彦
発行者　脇坂康弘

〒113-0033 東京都文京区本郷 3-38-1
発行所 株式会社 同友館
TEL. 03 (3813) 3966
FAX. 03 (3818) 2774
URL　https://www.doyukan.co.jp

落丁・乱丁本はお取替えいたします。
三美印刷／東京美術紙工
ISBN 978-4-496-05514-0
Printed in Japan